A2

Daniela Niebisch

MENSCHEN

Deutsch als Fremdsprache

Vokabeltaschenbuch

Hueber Verlag

Quellenverzeichnis

Cover: © Getty Images/Andreas Kindler
Seite 124: Wetter Illus © fotolia/Bastetamon
Seite 125: Sonne, Hagel, Wolke, Schnee © fotolia/Bastetamon; Regen © fotolia/LoopAll; Eis © Thinkstock/Getty Images/Dynamic Graphics
Seite 135: Comic, Krimi, Hörbuch © Thinkstock/iStockphoto; Roman © Thinkstock/Brand X Pictures; Zeitung © Thinkstock/Comstock; Zeitschriften, Gedichte, Sachbuch © Hueber Verlag; Ratgeber © Thinkstock/Jupiterimages/Polka Dot, Märchen © fotolia/Bajena; Kinderbuch © PantherMedia/Mo Templin; Bilderbuch © fotolia/n_eri
Seite 137: Märchen © fotolia/Bajena
Seite 157: Abflug, Ankunft © fotolia/liotru; Anschlußflug © fotolia/Dmitry Skvorcov; Grenze © PantherMedia/Matthias Krüttgen; Impfung © fotolia/M.Rosenwirth; Konsulat © fotolia/liotru; Pass © fotolia/Peter Mautsch; Visum © Hueber Verlag; Zoll © fotolia/ufotopixl10

Wörter, die für die Prüfungen der Niveaustufen A1, A2 und B1 nicht verlangt werden, sind kursiv gedruckt. Bei allen Wörtern ist der Wortakzent gekennzeichnet: Ein Punkt (a) heißt kurzer Vokal, ein Unterstrich (a) heißt langer Vokal. Nomen mit der Angabe (Sg.) verwendet man (meist) nur im Singular. Nomen mit der Angabe (Pl.) verwendet man (meist) nur im Plural. Trennbare Verben sind durch einen Punkt nach der Vorsilbe gekennzeichnet (ab·fahren).

4. 3. 2. | Die letzten Ziffern bezeichnen
2019 18 17 16 15 | Zahl und Jahr des Druckes.
Alle Drucke dieser Auflage können, da unverändert, nebeneinander benutzt werden.
1. Auflage

Umschlaggestaltung: Sieveking · Agentur für Kommunikation, München
Zeichnungen: Michael Mantel, www.michaelmantel.de
Layout: Sieveking · Agentur für Kommunikation, München
Satz: TextMedia, www.textmedia.de
Druck und Bindung: Firmengruppe APPL, aprinta druck GmbH, Wemding
Printed in Germany
ISBN 978-3-19-731902-5

Art. 530_02561_001_02

Mein Opa war auch schon Bäcker. 1

1

die Brezel, -n	*Paul und Franka backen Brezeln.*
klappen	Es klappt gut.
kompliziert	Paul findet Brezelnbacken kompliziert.
der Teig, -e	*Sie können mit dem Teig 30 Brezeln backen.*

2

das Studium (Sg.)	Mir dauert das Studium zu lange.

BILDLEXIKON

das Einrad, -̈er	Viele Kinder fahren gern Einrad.
das Fußballbild, -er	Ich habe als Kind Fußballbilder gesammelt.
klettern	Klettern macht Spaß.
übernachten	Hast du als Kind mal draußen übernachtet?
das Skateboard, -s	*Kannst du Skateboard fahren?*
die Süßigkeiten (Pl.)	*Kinder essen gern Süßigkeiten.*

auf Bäume klettern

Comics lesen

Computerspiele spielen

draußen übernachten

Einrad fahren

Sachen auf dem Flohmarkt verkaufen

mit Puppen spielen

Geschichten erzählen

Fußballbilder sammeln

zeichnen

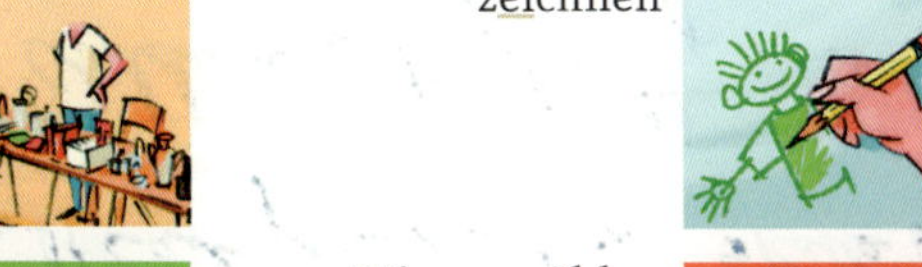

Witze erzählen

Süßigkeiten essen

Skateboard fahren

3

der Ausschnitt, -e	*Hören Sie einen Ausschnitt noch einmal.*	
der Bäcker, - / die Bäckerin, -nen	Mein Opa war auch schon Bäcker.	
der Cousin, -s	Der Sohn von Pauls Tante ist sein Cousin.	
der Neffe, -n	Der Sohn von meinem Bruder ist mein Neffe.	
die Nichte, -n	Die Tochter von seiner Schwester ist seine Nichte.	
der Schwiegersohn, ¨-e	Der Mann von meiner Tochter ist mein Schwiegersohn.	
der Schwiegervater, ¨	Der Vater von meiner Frau ist mein Schwiegervater.	
übergeben	*Mein Opa hat seine Bäckerei dann seinem Schwiegersohn übergeben.*	

TIPP

Lernen Sie Wortpaare (feminin und maskulin).

4

die Zigarette, -n	Sind das deine Zigaretten?

5

verrückt (sein)	Er war schon verrückt, mein Onkel Willi!
wachsen	Geh doch dahin, wo der Pfeffer wächst!

6

der/die Jugendliche, -n	Bist du als Jugendlicher oft tanzen gegangen?
die Kindheitserinnerungen (Pl.)	*Familien- und Kindheitserinnerungen*
die Lieblingsdisco, -s	Das „Paradiso" war meine Lieblingsdisco.
die Sekunde, -n	Sie haben 90 Sekunden Zeit.
das Wahrheitsspiel, -e	Spielen Sie das Wahrheitsspiel.

7

auf·machen	Er hat die Bäckerei nicht aufgemacht.
der Schluss: zum Schluss	Zum Schluss hat er sich ein Motorrad gekauft und ist nach Indien gefahren.

8

die Abstimmung, -en	Machen Sie eine Abstimmung.

LERNZIELE

das Ereignis, -se	Aktivitäten und Ereignisse
die Familiengeschichte (Sg.)	Familiengeschichten erzählen: Also passt auf: …
die Geschichte, -n	Hören Sie die Geschichte über Onkel Willi.
streiten	Onkel Willi und sein Vater haben gestritten.

Wohin mit der Kommode?

1

blöd	Umziehen? Das finde ich blöd.
ein·richten	Ich richte gern Wohnungen ein.
renovieren	Ich renoviere gern.

2

diskutieren	Sie sollen nicht mehr diskutieren.
die Kommode, -n	*Die Kommode ist schwer.*

BILDLEXIKON

die Wand, ¨-e	An der Wand hängen Bilder.

3

das Fernsehgerät, -e	Das Fernsehgerät verstecke ich.
hängen	An der Wand hängen Bilder.
das Kissen, -	Auf dem Sofa liegen Kissen.
verstecken	Das Fernsehgerät verstecke ich im Schrank.

4

die Gemeinsamkeit, -en	*Wie viele Gemeinsamkeiten finden Sie?*
der Schreibtisch, -e	Das Bild hängt über dem Schreibtisch.
der Vorhang, ¨-e	In meinem Zimmer hängen Vorhänge vor dem Fenster.

TIPP

Notieren Sie Wörter in Gruppen.
Ergänzen Sie immer wieder.

Im Zimmer

die Blume
der Spiegel
der Vorhang

5

bis: bis hin	Vom Klassiker bis hin zur Kuschel-Ecke ist alles möglich.
das Deckenlicht, -er	Eine Lampe ist wärmer als Deckenlicht.

direkt	Das Licht ist wärmer als direktes Deckenlicht.
die Domizil-Redaktion, -en	*Hier die wichtigsten Tipps der DOMIZIL-Redaktion: …*
dunkel	Große Möbelstücke machen ein Zimmer dunkel.
die Geschmackssache (Sg.)	Einrichten ist Geschmackssache.
das Heft, -e	Leg das Buch auf das Heft.
hell	Stellen Sie große Möbelstücke vor eine helle Wand.
indirekt	*Das Licht ist indirekt.*
der Klassiker, -	*Das Wohnzimmer mit Sofa-Landschaft ist ein Klassiker.*
die Kuschel-Ecke (Sg.)	*eine Kuschel-Ecke für Romantiker*
das Möbelstück, -e	Aufpassen müssen Sie mit großen Möbelstücken.
das Regal, -e	Stellen Sie nicht zu viele Dinge auf ein Regal.
der Romantiker, - / die Romantikerin, -nen	*Eine Kuschel-Ecke ist für Romantiker.*
die Sofa-Landschaft, -en	Vom Klassiker, dem Wohnzimmer mit Sofa-Landschaft, bis hin zur Kuschel-Ecke ist alles möglich.
ungemütlich	nicht gemütlich = ungemütlich
das Urlaubs-Souvenir, -s	Stellen Sie nur wenige Urlaubs-Souvenirs auf ein Regal.

6

der Spiegel, -	Wohin soll ich den Spiegel stellen?

8

das Werkzeug, -e	Etwas aus Haus oder Wohnung: das Werkzeug

LERNZIELE

der Einrichtungstipp, -s	Einrichtungstipps geben: Stellen Sie eine Lampe auf den Tisch!
der Magazintext, -e	*Lesen Sie den Magazintext.*
der Umzug, ¨-e	*Ihre Freunde helfen beim Umzug.*
die Wechselpräposition, -en	*an, auf, hinter, in, neben, über, unter, vor, zwischen sind Wechselpräpositionen.*

Hier finden Sie Ruhe und Erholung. 3

2

Grüezi mitenand (CH)	*„Grüezi mitenand“ bedeutet „Guten Tag“.*
die Region, -en	Wie begrüßt man sich in den verschiedenen Regionen?
Tach	*Auch „Tach“ bedeutet „Guten Tag“.*

BILDLEXIKON

das Dorf, ¨-er	Machen Sie eine Fahrt durch die Dörfer.
der Frosch, ¨-e	*Sie hören gern Frösche quaken?*
der Hügel, -	Machen Sie eine Fahrt über die Hügel.
die Katze, -n	Auf dem Bauernhof gibt es viele Katzen.
die Pflanze, -n	Sie sind offen für Pflanzen und Tiere am und im Wasser?
der Strand, ¨-e	Wir sind den ganzen Tag draußen am Strand.
das Ufer, -	Sie können zum Beispiel am Ufer entlang fahren.
der Vogel, ¨-	Sie hören gern Vögel singen?

TIPP

Notieren Sie unterwegs neue Wörter.
Sie können auch Bilder malen.

der Vogel | der Wald

TIERE

der Frosch, ¨-e

die Katze, -n

der Fisch,-e (A1)

der Hund, -e

der Vogel, ¨

aktiv	Sie können sportlich aktiv sein.
anders: anders gehen	Auf dem Öko-Wellness-Bauernhof gehen die Uhren anders.
der Anfänger, - / die Anfängerin, -nen	Hier gibt es Unterricht für Anfänger.
die Anstrengung, -en	Sie können ohne Anstrengung den Blick auf den See genießen.
die Ausrüstung, -en	*Bei uns bekommen Sie Karten, Tipps, Ausrüstung …*
außerdem	Außerdem haben wir fast immer Wind.
der Bauernhof, ¨-e	Der Bauernhof liegt in der Nähe von Innsbruck.
beraten	Wir beraten Sie gern.
die Beratung, -en	Sie können Karten und Fahrräder, aber auch Beratung bekommen.
der Bergkräutertee, -s	*Genießen Sie unseren Bergkräutertee.*
der Bodensee	*Velo-Mann – Ihr sympathischer Velovermieter am Bodensee*
der Campingplatz, ¨-e	Sie übernachten im Zelt auf Campingplätzen.
der Einkaufsbummel (Sg.)	*Wenn Sie einen Einkaufsbummel machen wollen, fahren Sie einfach ins Inntal hinunter.*

enden	Die Tour endet auf dem Langen See.
entlang	Sie können zum Beispiel am Ufer entlang fahren.
die Entspannung (Sg.)	Hier finden Sie Ruhe und Entspannung.
die Erholung (Sg.)	Hier finden Sie Ruhe, Entspannung und Erholung.
die Erfahrung, -en	Du hast die Motivation, wir haben die Erfahrung.
der Extra-Service (Sg.)	*Velo-Mann, der Velovermieter mit dem Extra-Service*
der/die Fortgeschrittene, -n	*Hier gibt es Unterricht für Anfänger und Fortgeschrittene.*
der Großstadt-Fan, -s	*Sie sind auch Großstadt-Fan?*
hellgrün	Wandern Sie über hellgrüne Wiesen.
hinunter	*Fahren Sie ins Inntal hinunter.*
ideal	*Unsere Segel- und Surfschule ist der ideale Ort für dich.*
das Inntal	*Fahren Sie einfach ins Inntal hinunter.*
der/das Kajak, -s	*Fahren Sie mit dem Kajak vom Spreewald bis nach Berlin.*
das Kite-Surfen	*Du möchtest Kite-Surfen lernen.*
die Landschafts- und Städtereise, -n	Möchten Sie eine Landschafts- oder eine Städtereise machen?
die Motivation, -en	*Du hast die Motivation, wir die Erfahrung.*

die Naturliebhaberin, -nen	Sind Sie Naturliebhaber?
der Öko-Wellness-Bauernhof, ⸚e	Auf dem Öko-Wellness-Bauernhof gibt es keine Termine.
offen (sein)	Sie sind offen für die Landschaft?
das Original-Heudampfbad, ⸚er	Sie dürfen unsere Original-Heudampfbäder genießen.
quaken	Sie hören gern Frösche quaken?
das Salzhaff, -e oder -s	Komm doch gleich zu uns nach Pepelow am Salzhaff.
die Schweizer Alpen (Pl.)	Sie sehen im Süden die Schweizer Alpen.
die Segel- und Surf-Schule, -n	Unsere Segel- und Surfschule ist der ideale Ort für dich.
der Spreewald	Fahren Sie vom Spreewald bis nach Berlin.
der Stadtbummel (Sg.)	Sie genießen gern mal einen Stadtbummel?
Stopp	Zu viel Stress? Alles zu schnell? Stopp!
das Superangebot, -e	Wir haben ein Superangebot für Sie.
die Surf-Mode	Du bekommst bei uns die neueste Surf-Mode.
der Top-Preis, -e	Du bekommst die neueste Surf-Mode zu absoluten Top-Preisen.
die Tour, -en	Wir kennen alle Touren am Bodensee.
die Velo-Tour, -en	Es gibt viele Velo-Touren am Schweizer Bodensee.
der Velovermieter, -	Velo-Mann – Ihr sympathischer Velovermieter am Bodensee

der Wanderer, - / die Wanderin, -nen	Wanderer wandern gern.
die Wanderung, -en	N&K-Reisen bietet eine Wanderung auf der Spree an.
das Wasserwandern	Wasserwandern auf der Spree – ein Superangebot
der Werbetext, -e	*Überfliegen Sie die Werbetexte.*
worauf	Worauf wartest du noch?

4

die Mode, -n	Du bekommst bei uns die neueste Mode.

5

die Mitte, -n	In der Mitte ist ein See.

6

in: in sein	Kite-Surfen ist gerade in.
das Stichwort, ¨er	*Notieren Sie Stichwörter.*
der Trend, -s	Das liegt im Trend.

7

die Geschäftsidee, -n	Ihre Geschäftsidee: Was für Reisen wollen Sie anbieten?

der Reiseveranstalter, -	Reiseveranstalter bieten Reisen an.
der Rodel,-	Ich finde „Ski und Rodel gut“ besser.
die Schlittenfahrt, -en	Wir bieten Schlittenfahrten an.
der Skihase, -n	Unsere Firma heißt „Skihasen“.
der Skikurs, -e	Wollt ihr Skikurse anbieten?

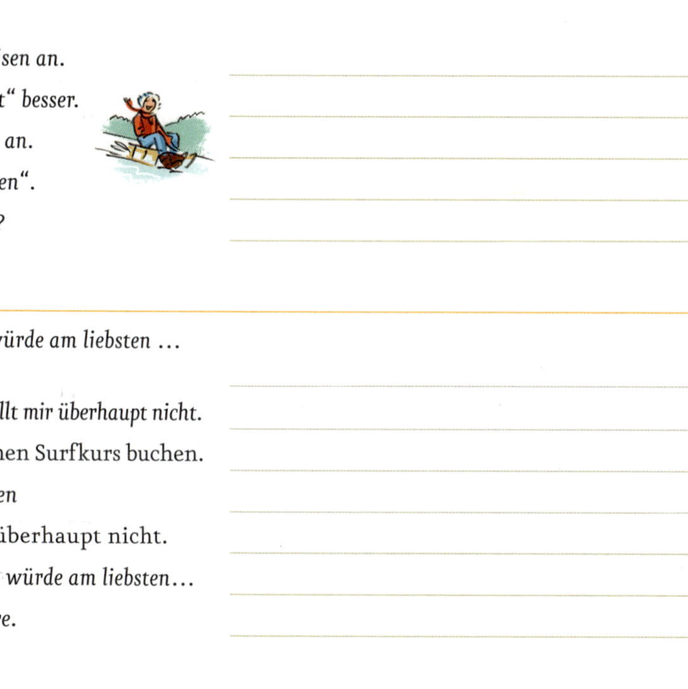

LERNZIELE

aus·drücken	Wünsche ausdrücken: Ich würde am liebsten … buchen.
bewerten	etwas bewerten: Die Idee gefällt mir überhaupt nicht.
buchen	Ich würde am liebsten einen Surfkurs buchen.
touristisch	touristische Werbebroschüren
überhaupt: überhaupt nicht	Mir gefällt das Angebot überhaupt nicht.
die Vorliebe, -n	Vorlieben und Wünsche: Ich würde am liebsten…
die Werbebroschüre, -n	Lesen Sie die Werbebroschüre.

MODUL-PLUS LESEMAGAZIN

1

50er-Jahre	Meine Großeltern sind in den 50er-Jahren nach Deutschland ausgewandert.
aus·wandern	Sie sind nach Deutschland ausgewandert.

besitzen	Meine Großeltern besitzen ein kleines Hotel.	
BMW (Bayerische Motorenwerke)	*Mein Großvater hatte einen tollen Job bei BMW.*	
das Börek, -	*Oma Pinar macht die besten Börek.*	
erraten	*Habt ihr es erraten?*	
der Hautarzt, ¨-e / die Hautärztin, -nen	Papa ist von Beruf Hautarzt.	
die Medizin (Sg.)	Meine Mutter hat Medizin studiert.	
mütterlicherseits	*Und nun zu meiner Familie mütterlicherseits: …*	
stolz (auf)	Ich bin sehr stolz auf meine Familie.	
väterlicherseits	*Meine Großeltern väterlicherseits leben in der Türkei.*	
verbringen	Oft verbringen wir unseren Urlaub in der Türkei.	
der Zwilling, -e	*Mein Cousin und meine Cousine sind beide 13 Jahre alt, sie sind Zwillinge.*	

MODUL-PLUS FILM-STATIONEN

1

das Jobangebot, -e	Sie hat ein tolles Jobangebot bekommen.	
der Schlüsselbund, -e	*Sie hat den Schlüsselbund auf der Straße gefunden.*	
der Schlüsseldienst, -e	*Sie brauchen keinen Schlüsseldienst.*	

2

der Glücksbringer, -	*Haben Sie einen Glücksbringer?*
das Pech (Sg.)	Das bedeutet sieben Jahre Pech.
die Scherbe, -n	*Scherben bringen Glück.*

MODUL-PLUS PROJEKT LANDESKUNDE

1

emigrieren	*Die Familie emigriert 1938 in die USA.*
der Kaufmann, Kaufleute	*Ihr Vater ist ein Lübecker Kaufmann.*
die Literatur, -en	*1929 bekommt Thomas Mann den Nobelpreis für Literatur.*
der Nobelpreis, -e	*Thomas Mann bekommt den Nobelpreis für seinen Roman „Buddenbrooks".*
der Professor, -en / die Professorin, -nen	Thomas Mann heiratet die Tochter eines Münchner Professors.
der Roman, -e	*Romane von Mann sind zum Beispiel „Buddenbrooks" oder „Doktor Faustus".*
der Schriftsteller, - / die Schriftstellerin, -nen	Drei der Kinder werden auch Schriftsteller.
der Untertan, -en	*„Der Untertan" ist ein Roman von Heinrich Mann.*

2

das Heimatland, ¨-er	Wählen Sie eine Familie aus den deutschsprachigen Ländern oder aus Ihrem Heimatland.

MODUL-PLUS AUSKLANG

der Gartenzwerg, -e	*Wer hat denn diesen Gartenzwerg ins Regal gestellt?*
die Gartenzwergfrau, -en	*Ich hatte sogar eine Gartenzwergfrau.*
die Gartenzwergin, -nen	*= Gartenzwergfrau*
der Gartenzwergmann, ¨-er	*= Gartenzwerg*
das Puppenhaus, ¨-er	Gartenzwergin Berta liegt in dem Puppenhaus.
die Unterwelt, -en	*Schon lange steht auch Walter in der „Unterwelt" (= im Keller).*

Was darf es sein?

4

1

die Dose, -n	drei Dosen Thunfisch
der Einkaufszettel, -	Sehen Sie den Einkaufszettel an.
je	je eine grüne und eine rote Paprika
das Kilo, -s	ein Kilo Weintrauben
die Knoblauchsalami, -(s)	*200 g Knoblauchsalami*
der Liter, -	3 Liter normale Milch
die Packung, -en	*eine Packung Tee*
der Senf (Sg.)	*2 Gläser Senf*
die Weintraube, -n	*ein Kilo Weintrauben*

2

hungrig	Ich gehe nie hungrig einkaufen.
satt	Ich bin nicht hungrig, ich bin satt.
sonst	Ich gehe nie hungrig einkaufen, denn sonst kaufe ich zu viel.

TIPP

Notieren Sie Gegensätze.

hungrig – satt

BILDLEXIKON

die Banane, -n	Kauf bitte ein Kilo Bananen.	bananas
die Birne, -n	Die Birnen sind heute im Angebot.	pear
die Bohne, -n	Letzten Monat habe ich für drei Personen zwei Kilo Bohnen gekauft.	beans
das Bonbon, -s	eine Tüte Bonbons	candy
die Cola, - s	eine Flasche Cola	Cola
der Eistee (Sg.)	4 Flaschen Eistee	ice tea
der Knoblauch (Sg.)	*Salami mit Knoblauch schmeckt gut.*	garlic
das Mehl (Sg.)	Für Brot und Kuchen brauchen wir Mehl.	flour
der/die Paprika, -	*Ich nehme eine grüne Paprika.*	pepper
der Pfirsich, -e	*Bring bitte Pfirsiche mit.*	peaches
der Quark (Sg.)	Quark ist nicht Joghurt!	stiff yogurt
die Salami, -(s)	*Kaufst du bitte Salami?*	salami
der Thunfisch, -e	*drei Dosen Thunfisch*	Tuna fish 3 cans.

4

OBST UND GEMÜSE

der Apfel, ¨ (A1)	die Bohne,-n	die Kartoffel,-n (A1)
die Banane, -n	*der/die Paprika, -*	die Tomate,-n (A1)
die Birne, -n	*der Pfirsich, -e*	*die Weintraube, -n*
die Zitrone,-n (A1)	die Zwiebel, -n (A1)	

4

die Buttermilch (Sg.)	Otto kauft keine Buttermilch.
die Essgewohnheiten (Pl.)	*Otto kennt seine Mitbewohner und ihre Essgewohnheiten.*
das Fett, -e	Vollmilch hat 3,5 % Fett.
fettarm	Fettarme Milch hat 1,5 % Fett.
der Frischkäse (Sg.)	eine Packung Frischkäse
das Gramm (g) (Sg.)	Wie viel Gramm Schinken möchten Sie?

das Kilogramm (kg) (Sg.)	1 Kilogramm = 1000 Gramm
die Magermilch (Sg.)	Magermilch hat sehr wenig Fett, nur 0,5 %.
die Pfeffersalami, -(s)	*Pfeffersalami und Knoblauchsalami sind heute im Angebot.*
das Pfund, -e	1 Pfund = 500 Gramm
roh	Soll es ein roher Schinken sein oder ein gekochter?
der Supermarkt, ⸚e	Hören Sie die Gespräche im Supermarkt.
die Vollmilch (Sg.)	Meinen Sie Vollmilch, fettarme Milch oder Magermilch?
weich	Möchten Sie lieber einen weichen Käse oder einen harten?

5

mithilfe	*Ergänzen Sie die Endungen mithilfe der Tabelle.*

7

das Einkaufsgespräch, -e	Einkaufsgespräche üben: Geben Sie mir bitte ein halbes Pfund.
der Obst- und Gemüseladen, ⸚	Im Obst- und Gemüseladen kauft der Kunde Paprika.
der Teeladen, ⸚	Im Teeladen bekommt man grünen Tee.
die Wursttheke, -n	*An der Wursttheke ist heute die Salami im Angebot.*

8

der Nerv, -en	*Otto hat keine guten Nerven.*

9

der Brotkorb, ¨-e	*Im Brotkorb sind 2 Brötchen und 1 Scheibe Brot.*
doppelt	Möchtest du einen einfachen oder einen doppelten Espresso.
der Espresso, -s od. -ssi	*Ich habe dir einen Espresso bestellt.*
das Extra, -s	*Als Extra gibt es ein Ei, einen Obstsalat, ein Croissant oder ein Brötchen.*
das Frühstücks-Café, -s	Wir gehen ins Frühstücks-Café.
die Frühstückskarte, -n	Wählen Sie Ihr Frühstück aus der Frühstückskarte.
der Obstsalat, -e	Ich hoffe, du magst Obstsalat.
pressen	*Orangensaft (frisch gepresst)*
das Rührei, -er	*eine kleine Portion Rührei*
die Scheibe, -n	*Zum Frühstück esse ich eine Scheibe Brot.*

LERNZIELE

die Adjektivdeklination, -en	*Adjektivdeklination nach indefinitem Artikel: einen milden Käse*

das Gewicht, -e	Gewichte: Kilo, Gramm …
mager	Ich hätte gern einen mageren Schinken.
mild	*Bitte einen milden Käse!*
die Verpackung, -en	*Verpackungen: Flaschen, Gläser, Dosen …*

Schaut mal, der schöne Dom!

1

die Stadtbesichtigung, -en	Was interessiert Sie bei einer Stadtbesichtigung besonders?

2

die Dom-Führung, -en	Die Großmutter hat eine Dom-Führung gebucht.

BILDLEXIKON

die Führung, -en	Wir haben eine Führung gemacht.
geschlossen	Das Museum war geschlossen.

5

die Kamera, -s	Leider hat unsere Tochter ihre neue Kamera im Dom liegen gelassen.
der Prospekt, -e	In der Touristeninformation gibt es Prospekte.
der Reiseführer, - / die Reiseführerin, -nen	Der Reiseführer gefällt Charlotte.
der Reiseführer, - (Buch)	Im Reiseführer stehen viele Informationen über die Stadt.
der Rundgang, ¨-e	Zuerst haben wir einen Rundgang gemacht.
die Schifffahrt, -en	Der Höhepunkt wartet noch auf uns: eine Schifffahrt auf dem Rhein.
das Trinkgeld (Sg.)	Wie viel Trinkgeld soll ich geben?
die Unterkunft, ¨-e	Wir müssen noch eine Unterkunft buchen.
wechseln: Geld wechseln	Auf der Bank kann man Geld wechseln.

TIPP

Schreiben Sie die Buchstaben eines Wortes untereinander. Finden Sie Wörter zu einem Thema.

die Führung, -en

der Prospekt, -e

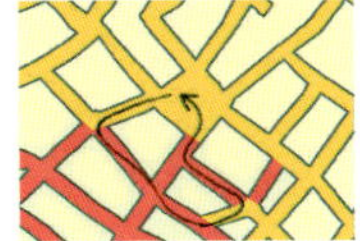

der Rundgang, ¨-e

der Reiseführer, -

der Reiseführer, -

die Schifffahrt,-en

besichtigen

die Unterkunft, ¨-e

die Kamera, -s

der Tourist, -en

4

ab·geben	Der nette Reiseführer hat die Kamera im Hotel abgegeben.	
abstrakt	*Das Richter-Fenster ist mir zu abstrakt.*	
ärgern (sich)	Charlotte ärgert sich.	
berühmt	Der berühmte Dom ist wirklich sehenswert.	
bunt	Das bunte Fenster hat mir nicht so gut gefallen.	
das Bussi, -s	*Dickes Bussi!*	
der Dank (Sg.)	Zum Dank habe ich ihn auf eine Cola eingeladen.	
die Facebook-Nachricht, -en	*Die Tochter schreibt eine Facebook-Nachricht an ihre Freundin.*	
großartig	*Die Stadt ist großartig.*	
der Höhepunkt, -e	*Der Höhepunkt ist die Schifffahrt auf dem Rhein.*	
lassen	Unsere Tochter hat ihre Kamera im Dom liegen gelassen.	
das Loch, ¨er	Charlotte hat dem Reiseführer ein Loch in den Bauch gefragt.	
der Rhein	*Der Rhein ist ein Fluss.*	
die Rheinfahrt, -en	*Eine Rheinfahrt, die ist lustig, eine Rheinfahrt, die ist schön …*	

das Römisch-Germanische Museum	*Besonders gut hat mir das Römisch-Germanische Museum gefallen.*	
sehenswert	*Köln ist eine sehenswerte Stadt.*	
der/die Süße, -n	Hallo Süße!	
wieder·finden	Der Reiseführer hat die Kamera wiedergefunden.	

5

das Brauhaus, ¨-er	*Das Brauhaus finde ich interessant.*	
das Interesse, -n	Notieren Sie Ihre Interessen.	
die Klosterkirche, -n	*Wie gefällt dir die Klosterkirche?*	
schick	Wir waren in einem schicken Club.	

6

das Adjektiv-Quartett, -e	*Spielen Sie das Adjektiv-Quartett.*	
verteilen	Verteilen Sie die Karten.	

7

also gut	Die Dom-Führung wird bestimmt interessant. Komm doch mit! – Also gut.	
beeindruckend	*Die Kirche ist beeindruckend.*	
der Besuch, -e	Sie bekommen Besuch von einer Freundin.	

5

dafür: dafür sein	Gute Idee. Ich bin dafür!	
dagegen: dagegen sein	Eine Dom-Führung? Ich bin dagegen.	
das Filmmuseum, -een	Ich gehe mit meinem Besuch ins Filmmuseum.	
die Gegend, -en	Was bietet Ihre Gegend?	
der Kaiserdom (Sg.)	*Ich zeige meinem Besuch immer den alten Kaiserdom.*	
meistens	Ich gehe mit meinem Besuch meistens in den Dom.	
der Samstagabend, -e	Wollen wir am Samstagabend in einen schicken Club gehen?	
sicher	Das gefällt unserem Besuch sicher.	

8

die Planung, -en	Verwenden Sie Ihre Planung aus Aufgabe 7.	

LERNZIELE

berichten	etwas berichten: Danach sind wir in den Dom gegangen.	
einverstanden	Wir können den Dom besichtigen. – Einverstanden.	
der Internet-Eintrag, ¨-e	*Lesen Sie die Internet-Einträge.*	
der Tourismus (Sg.)	Wortfeld Tourismus: Tourist, Sehenswürdigkeit …	

Meine Lieblingsveranstaltung

1

der Begriff, -e	*Notieren Sie so viele Begriffe wie möglich.*
das Feuer (Sg.)	Hilfe! Feuer!

2

das Mittelalterfest, -e	*Die Landshuter Hochzeit ist ein Mittelalterfest.*
das Theaterfestival, -s	Warst du schon einmal auf einem Theaterfestival?

BILDLEXIKON

die Bühne, -n	Die Künstler kommen auf die Bühne.
die Eintrittskarte, -n	Wir brauchen noch zwei Eintrittskarten.
die Ermäßigung, -en	Als Student bekommst du eine Ermäßigung.
das Theaterstück, -e	Hast du das Theaterstück schon gesehen?
der Vortrag, ¨-e	Es gibt auf diesem Festival auch Vorträge.

3

die Ars Electronica (Sg.)	Die Ars-Electronica ist ein Festival für digitale Kunst.	
die Computeranimation, -en	Mich fasziniert die Verbindung von Technik, Video, Computeranimation und so weiter.	
der Darsteller, - / die Darstellerin, -nen	2000 Darsteller spielen die Landshuter Hochzeit nach.	
digital	digitale Kunst	
die Diskussionsrunde, -n	Es gibt auf der Ars Electronica viele Diskussionsrunden.	
der Experte, -n / die Expertin, -nen	Experten und Interessierte stellen hier Zukunftsfragen.	
faszinieren	Das fasziniert mich.	
her: her sein	Das ist nun schon über 30 Jahre her.	
der Herzog, ¨-e	1475 hat der bayerische Herzog Georg geheiratet.	
das Hip-Hop-Fest, -e	Das Open Air Frauenfeld ist das größte Hip-Hop-Fest in Europa.	
historisch	Ich liebe historische Feste.	
die Hochzeitsfeier, -n	Die Hochzeitsfeier hat sechs Tage gedauert.	
der/die Interessierte, -n	Interessierte aus der ganzen Welt diskutieren Zukunftsprobleme.	
die Kieler Woche	Von morgen an findet die Kieler Woche statt.	

die Königstochter, ¨	Herzog Georg hat die polnische Königstochter Hedwig geheiratet.
der Künstler, - / die Künstlerin, -nen	Auf dem Hip-Hop-Fest sind deutschsprachige Künstler und internationale Stars.
die Landshuter Hochzeit	*Die Landshuter Hochzeit findet alle vier Jahre statt.*
der Leser, - / die Leserin, -nen	War die Leserin / der Leser schon dort?
die Lieblingsveranstaltung, -en	Leserinnen und Leser stellen ihre Lieblingsveranstaltungen vor.
mal sehen	Letztes Jahr waren 150000 Leute da. Mal sehen, wie viele es dieses Jahr werden.
das Mittelalter	*Die Hochzeitsfeier war eine der größten und schönsten im ganzen Mittelalter.*
der Mittelpunkt, -e	*Die Musik steht im Mittelpunkt.*
das Originalkostüm, -e	Die Darsteller tragen Originalkostüme.
die Performance, -s	*Auf der Ars Electronica gibt es viele Performances.*
das Segelschiff, -e	*Da sind mehr als hundert große Segelschiffe auf dem Meer.*
der/das Segelsport-Event, -s	*Die Kieler Woche ist ein Segelsport-Event.*
der Star, -s	Eminem ist ein internationaler Star.
statt·finden	Das Open Air findet jedes Jahr im Sommer statt.

die Technik, -en	Mich fasziniert die Verbindung von Wissenschaft und Technik.	
das Video, -s	Video ist auch digitale Kunst.	
vorletzt-	*Am vorletzten Tag ist die berühmte Windjammerparade.*	
die Windjammerparade, -n	*Bei der Windjammerparade sind mehr als hundert große Segelschiffe auf dem Meer.*	
die Yacht, -en	*Auf dem Meer kann man Segelschiffe und Yachten sehen.*	
die Zukunftsfrage, -n	Experten stellen Zukunftsfragen.	
das Zukunftsproblem, -e	Wir diskutieren Zukunftsprobleme.	

die Bühne, -n

die Ermäßigung, -en

das Theaterstück, -e

der Eintritt (Sg.)

der Künstler, -

die Kunst, ¨-e

die Eintrittskarte, -n

der Star, -s

der Vortrag, ¨-e

die Diskussionsrunde, -n

das Kostüm, -e

das Fest, -e

die Veranstaltung, -en

die Ausstellung, -en

das Festival, -s (A1)

4

der Beginn (Sg.)	Beginn: 20.00 Uhr, Ende: 22.00 Uhr	
daher	Sie hat daher noch viele Freunde und Bekannte dort.	
die Insel, -n	Selina Wyss fliegt auf die Insel Mallorca.	
das Schauspielhaus, ¨-er	*Vom 1. August an steht sie im Schauspielhaus Zürich auf der Bühne.*	

6

aus·machen	Wollen wir einen Termin ausmachen?	
halten (von)	Was hältst du davon?	
interessieren	Du hast doch gesagt, das würde dich interessieren.	
mit·kommen	Möchtest du vielleicht mitkommen?	
der Treffpunkt, -e	*Wollen wir noch einen Treffpunkt ausmachen?*	

TIPP

Schreiben Sie wichtige Sätze auf und hängen Sie die Sätze in Ihrer Wohnung auf. Üben Sie.

LERNZIELE

einigen (sich)	*sich einigen: Aber gern.*
der Leserbeitrag, ¨-e	Überfliegen Sie die Leserbeiträge.
über (temporal)	über 30 Jahre
der Veranstaltungskalender, -	Machen Sie einen Veranstaltungskalender im Kurs.
zu·stimmen	zustimmen: Okay, das machen wir.

MODUL-PLUS LESEMAGAZIN

1

anderswo	*Egal ob hier oder anderswo: Die Idee des Gärtnerns bleibt.*
aus·schließen	Umzug nicht ausgeschlossen.

das Beet, -e	*Seit 2010 gibt es noch mehr Beete.*	
das Bio-Gemüse (Sg.)	*Wer darf das Bio-Gemüse ernten?*	
die Bio-Qualität (Sg.)	*Das Gemüse in Bio-Qualität kann jeder ernten.*	
damit	Die Idee des gemeinsamen Gärtnerns bleibt, damit Kinder wie Marlene Spinat nicht nur tiefgefroren kennen.	
ernten	Alle Menschen können das Gemüse ernten.	
das Gartencafé, -s	Im Gartencafé können sie das Gemüse essen.	
die Gartenpizza, -s, -pizzen	*Auf der Speisekarte stehen so leckere Gerichte wie Gartenpizza.*	
gärtnern	*Gärtnern Sie auch?*	
das Gelände, -	*Sie machen aus dem Gelände einen Garten.*	
der Gemüsegarten, ¨	Der Prinzessinnengarten ist ein Gemüsegarten.	
das Grundstück, -e	*Über 100 Nachbarn und Freunde treffen sich auf dem leeren Grundstück.*	
der Grundstückspreis, -e	*Die Grundstückspreise steigen.*	
der Kartoffelacker, -	*Es gibt jetzt auch einen Kartoffelacker.*	
die Kiste, -n	Die Pflanzen wachsen in Kisten.	
das Konzept, -e	*Das Konzept ist einfach.*	
das Kürbisrisotto, -s	*Im Gartencafé kann man Kürbisrisotto essen.*	

lebenswert	*Die Gärten machen aus grauen Stadtvierteln lebenswerte Orte.*	
die Milchtüte, -n	Die Pflanzen wachsen auch in alten Milchtüten.	
mit·arbeiten	Jeder kann mitarbeiten.	
der Nutzgarten, ¨-	*Sie machen aus dem Gelände einen Nutzgarten mit Beeten.*	
die Oase, -n	*Immer mehr Touristen besuchen die kleine Oase.*	
ökologisch	*Das Projekt ist ökologisch.*	
der Prinzessinnengarten, ¨-	*Der Prinzessinnengarten ist kein Schlosspark.*	
die Revolution, -en	*die grüne Revolution*	
der Sack, ¨-e	*Die Pflanzen wachsen in Säcken.*	
der Spinat (Sg.)	*Spinat wächst nicht in Würfeln.*	
der Teufelskreis (Sg.)	*Das ist ein Teufelskreis.*	
tiefgefroren	*Damit Kinder wie Marlene Spinat nicht nur tiefgefroren kennen.*	
das Tomatenhaus, ¨-er	Im Prinzessinnengarten gibt es einen Kartoffelacker und ein Tomatenhaus.	
transportieren	Im Notfall kann man die Beete transportieren.	
ungewiss	*Die Zukunft ist ungewiss*	
urban	*Urbane Gärten haben eine ungewisse Zukunft.*	
zurück·fließen	Jeder Euro fließt zurück ins Projekt.	

MODUL-PLUS FILM-STATIONEN

1

beide: die beiden	Nach dem Stadtrundgang gehen die beiden einkaufen.
der Brunnen, -	*Sehen Sie auf dem Spaziergang von Melanie und Lena einen Brunnen?*
das Gebäude, -	Welche Gebäude sehen Sie?
die Heirat, -en	Was hat Lena vor ihrer Heirat oft gemacht?
klassisch	Gefällt dir klassische Musik?
die Oper, -n	*Melanie und Lena wollen in die Oper gehen.*
der Stadtrundgang, ¨-e	Was machen sie nach dem Stadtrundgang?
der Ton, ¨-e	*Sehen Sie den Film ohne Ton.*

2

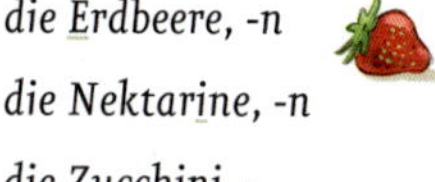

die Erdbeere, -n	*Auf dem Markt gibt es Erdbeeren, Äpfel, Pfirsiche …*
die Nektarine, -n	*Was kauft Lena? Nektarinen?*
die Zucchini, -	*Zucchini schmecken gut.*

1

die Allee, -n	*Spazieren Sie durch lange Alleen.*	
barock	*Neben dem barocken Schloss finden Sie eine wundervolle Parklandschaft.*	
das Blumenbeet, -e	*Hier finden Sie viele Blumenbeete.*	
der Charme (Sg.)	*Der Tiergarten Schönbrunn hat historischen Charme.*	
der Irrgarten, ¨	*Besuchen Sie den Irrgarten.*	
der Kaiser, - / die Kaiserin, -nen	*In Schloss Schönbrunn hat Kaiserin Sisi gewohnt.*	
das Palmenhaus, ¨er	*Besuchen Sie auch das Palmenhaus.*	
die Parklandschaft, -en	Wer die Parklandschaft nicht zu Fuß besichtigen möchte, steigt am besten in die Panoramabahn.	
die Panoramabahn, -en	*Willkommen in der Panoramabahn Schloss Schönbrunn!*	
prächtig	*Hier finden Sie prächtige Blumenbeete.*	
die Statue, -n	*Im Park stehen viele Statuen.*	
die Tierart, -en	Der Zoo hat mehr als 500 Tierarten.	
der Tiergarten, ¨	Tiergarten = Zoo	

das UNESCO-Weltkulturerbe (Sg.)	*Das Schloss gehört zum UNESCO-Weltkulturerbe.*	
wundervoll	*Im wundervollen Park spazieren Sie durch lange Alleen.*	

MODUL-PLUS AUSKLANG

1

das Denkmal, ¨-er	Das ist ein interessantes Denkmal.	
drüben	Sehen Sie mal, da drüben!	
insgesamt	Die Stadtrundfahrt dauert insgesamt nur zwei Minuten zehn.	
die Stadtrundfahrt, -en	*Der Tag ist perfekt für eine Stadtrundfahrt.*	
superschnell	*Das ist die superschnelle Stadtrundfahrt.*	
weltberühmt	Beethoven ist ein weltberühmter Mann.	

Wir könnten montags joggen gehen.

2

ab·nehmen	Der Mann möchte abnehmen.

BILDLEXIKON

das Badminton (Sg.)	*Ich spiele gern Badminton.*
(das) Basketball (Sg.)	*Du könntest Basketball spielen.*
das Eishockey	*Wie wäre es mit Eishockey?*
das Fitnesstraining, -s	*Ich mache kein Fitnesstraining.*
das Gewichtheben (Sg.)	*Wie wäre es mit Gewichtheben?*
das Golf	An deiner Stelle würde ich Golf spielen.
die Gymnastik (Sg.)	*Mach mehr Gymnastik!*
(das) Handball	*Spiel doch Handball!*
das Judo	*Mach doch Judo!*
das Rudern	*Du könntest rudern.*
das Tischtennis	*Meinst du Tischtennis?*
(das) Volleyball	*Spielst du auch so gern Volleyball?*
das Walken	*Walken – das passt zu mir.*
das Yoga (Sg.)	*Ich gehe einmal pro Woche zum Yoga.*

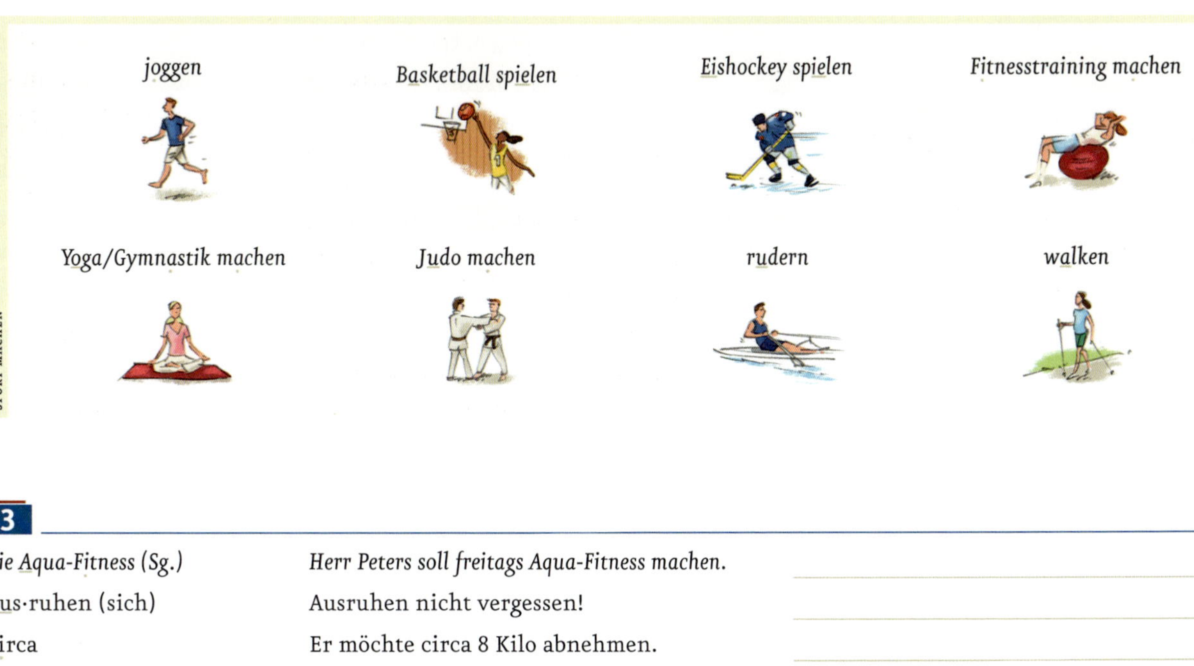

3

die Aqua-Fitness (Sg.)	*Herr Peters soll freitags Aqua-Fitness machen.*	
aus·ruhen (sich)	Ausruhen nicht vergessen!	
circa	Er möchte circa 8 Kilo abnehmen.	
dienstags	Was sollte er dienstags machen?	
donnerstags	Dienstags und donnerstags könnten wir Basketball spielen.	
die Ernährung (Sg.)	Herr Peters sollte auf eine gesunde Ernährung achten.	
der Fitnessplan, ⸚e	*Ergänzen Sie den Fitnessplan.*	

das Fleisch (Sg.)	Er isst gern Fleisch.	
das Gemüse, -	Gekochtes Gemüse mit Reis ist gesund.	
die Gemüsesuppe, -n	Am Abend sollte er eine Gemüsesuppe essen.	
die Hühnchenbrust, ¨e	*Salat mit Hühnchenbrust zum Mittagessen*	
die Kartoffelsuppe, -n	Sie sollten Kartoffelsuppe essen.	
die Kohlenhydrate (Pl.)	*Nudeln sind Kohlenhydrate.*	
leihen	Leihst du mir das Buch?	
mittwochs	Montags und mittwochs mache ich Sport.	
nachts	Was machen Sie nachts? – Schlafen.	
die Nudel, -n	Essen Sie abends gern Nudeln? – Das ist aber gar nicht gesund.	
das Paprikagemüse (Sg.)	*Abendessen: Paprikagemüse*	
das Rinderfilet, -s	*Abends sollte man nur Obst, Gemüse, Käse oder Fleisch essen, zum Beispiel Rinderfilet.*	
der Schlaf (Sg.)	Abnehmen im Schlaf – das wäre schön.	
selb-	Das Training sollte immer zur selben Zeit stattfinden.	
später	Können wir später einen Termin vereinbaren?	
der Trainer, - / die Trainerin, -nen	*Was schlägt die Trainerin vor?*	
trainieren	Trainieren Sie regelmäßig!	

7

das Training, -s	Das Training sollte regelmäßig stattfinden.
vormittags	Vormittags sollte Herr Peters Sport machen.
wiegen	Herr Peters möchte gern weniger wiegen.
die Zwiebelsuppe, -n	Zum Abendessen eine Zwiebelsuppe – lecker!

TIPP

Schreiben Sie einen Lückentext mit neuen Wörtern. Ergänzen Sie die Lücken.

F_t mit Hund!
Mein Hund heißt Willi. Wir sind r e _ _ _ m _ _ i g an der f_i_ _ _ en L_ _t, mo r_ e_ s, m i_ _ a g_ und a b e_ d s. Das ist das perfekte T_ _ _ n _ _ g. Ich bin nie krank.

5

pantomimisch	*Spielen Sie eine Sportart pantomimisch vor.*

6

flexibel	*Ich bin zeitlich flexibel.*
die Luft (Sg.)	Ich bin gern an der frischen Luft.
das Sportprofil, -e	*Wie ist dein Sportprofil?*

der Sporttyp, -en	Was für ein Sporttyp sind Sie?
die Stelle: an deiner Stelle	An deiner Stelle würde ich joggen.
der Verein, -e	Ich mache gern im Verein Sport.
der Wettkampf, ¨-e	*Ich möchte an Wettkämpfen teilnehmen.*
zeitlich	*Ich bin zeitlich flexibel.*

7

das Diätgetränk, -e	Ich habe mit einem Diätgetränk drei Kilo abgenommen.
das Diätprodukt, -e	Diätprodukte helfen nicht.
der Forumstext, -e	Lesen Sie die Forumstexte.
hoffen	Ich hoffe, ihr könnt mir etwas empfehlen.

8

inner-	Ich sollte mehr Fahrrad fahren, aber mein innerer Schweinehund sagt: Spiel lieber ein Computerspiel.
der Schweinehund (Sg.)	*Mein innerer Schweinehund möchte am liebsten nur auf der Couch liegen.*
vor·nehmen (sich etwas)	*Was nehmen Sie sich immer wieder vor und schaffen es nicht?*

8

LERNZIELE

das Adverb, -ien	*temporale Adverbien: montags, dienstags …*
der Fitness- und Ernährungsplan, ¨-e	*Sprechen Sie über den Fitness- und Ernährungsplan.*
joggen	*Wir könnten montags joggen gehen.*
der Konjunktiv, -e	*Konjunktiv II von „können“ ist „könnte-“*
montags	montags = jeden Montag
die Sportart, -en	Welche Sportart sollte ich machen?

Hoffentlich ist es nicht das Herz!

1

der Herzinfarkt, -e	*Das ist vielleicht ein Herzinfarkt.*
der Magen, ¨ oder -	Es muss nicht der Magen sein.
der Notfall, ¨-e	Das ist ein Notfall.

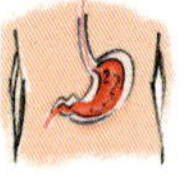

BILDLEXIKON

das Blut (Sg.)	Ich kann kein Blut sehen.
bluten	Meine Hand hat stark geblutet.
der Krankenwagen, -	Eine Frau hat den Krankenwagen gerufen.
der Notarzt, ¨-e / die Notärztin, -nen	Der Notarzt hat gemeint, dass ich ins Krankenhaus muss.
die Notaufnahme, -n	In der Notaufnahme hat man meine Hand untersucht.
die Operation, -en	Ich habe Angst vor Operationen.
operieren	Hoffentlich muss der Arzt mich nicht operieren.
der Verband, ¨-e	*Ich habe einen Verband bekommen.*
verbinden	Der Arzt hat die Hand verbunden.
verletzen	Sind Sie verletzt?
die Verletzung, -en	Ich hatte eine Verletzung an der Hand.

TIPP

Lernen Sie Nomen und Verb zusammen.

die Operation – operieren
die Untersuchung – untersuchen

UNFALL

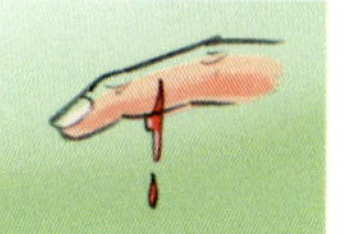

das Blut (Sg.)

der Notarzt, ¨e

der Verband, ¨e

der Krankenwagen, -

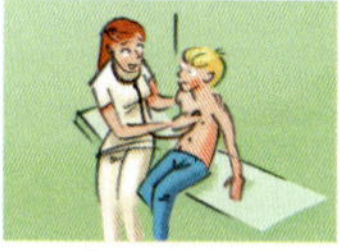

die Untersuchung, -en

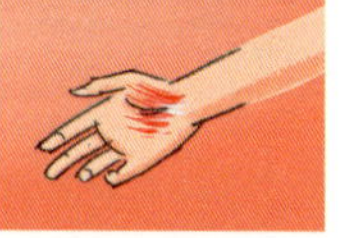

die Verletzung, -en

3

die Bauchgegend (Sg.)	Haben Sie manchmal Schmerzen in der linken oberen Bauchgegend?
dauernd	Denk doch nicht dauernd an Krankheiten.
das Druckgefühl (Sg.)	*Da ist immer wieder so ein komisches Druckgefühl.*
der Hausarzt, ¨e / die Hausärztin, -nen	Du musst deinem Hausarzt glauben.
das Herz, -en	Mein Herz ist völlig in Ordnung.
der Körper, -	Du hast Probleme, weil du zu viel auf deinen Körper hörst.
der Nickname, -n	*Wie ist der Nickname von Frau Brudler?*

Spitzname

die Sprechstunde, -en	Ich war bei meinem Hausarzt in der Sprechstunde.	
das Symptom, -e	*Verschiedene Herzkrankheiten haben fast die gleichen Symptome.*	
untersuchen	Der Hausarzt hat Carlotta untersucht.	
die Untersuchung, -en	Die Untersuchung hat fünf Minuten gedauert.	
vertrauen	Sie vertraut Ärzten nicht.	
völlig	Mein Herz ist völlig in Ordnung.	
die Wahrheit, -en	Ich finde es total traurig, dass die Ärzte einem nie die Wahrheit sagen.	

4

die Lücke, -n	*Schreiben Sie Sätze mit einer Lücke für „weil/deshalb".*	
die Magenschmerzen (Pl.)	Frau Winkler kommt nicht zur Arbeit. Sie hat Magenschmerzen.	
das Satzende, -n	Das Verb steht in Nebensätzen am Satzende.	

5

erkältet (sein)	Ich kann nicht arbeiten, weil ich erkältet bin.	

die Folge, -n	*Folgen angeben: Deshalb kann ich nicht zur Arbeit kommen.*	
die Grippe, -n	Ich habe Grippe. Deshalb kann ich nicht tanzen gehen.	
die Kopfschmerztablette, -n	Ich muss in die Apotheke gehen, weil ich Kopfschmerztabletten brauche.	
der Satzanfang, ¨-e	Wählen Sie den Satzanfang in der passenden Spalte.	
der Satzteil, -e	Suchen Sie dann einen passenden Satzteil in der anderen Spalte.	
der Zahnarzt, ¨-e / die Zahnärztin, -nen	Ich brauche einen Termin beim Zahnarzt.	
die Zahnschmerzen (Pl.)	Ich habe Zahnschmerzen.	

7

hin·fallen	Gestern bin ich hingefallen.	
weiter·geben	Er gibt die Sätze an Person 2 weiter.	

GRAMMATIK & KOMMUNIKATION

der Hauptsatz, ¨-e	„Deshalb"-Sätze sind Hauptsätze.	
der Nebensatz, ¨-e	„Weil"-Sätze sind Nebensätze.	

LERNZIELE

die Herzkrankheit, -en	Ich habe Angst vor Herzkrankheiten.	
die Hoffnung, -en	Hoffnung ausdrücken: Ich hoffe, es ist alles in Ordnung.	
das Mitleid (Sg.)	*Mitleid ausdrücken: Oh, das tut mir echt leid.*	
der Unfall, ⸚e	Gestern hatte ich einen Unfall.	
weil	Der Arzt will mir nichts sagen, weil meine Krankheit so schlimm ist.	

Bei guten Autos sind wir ganz vorn.

1

der Audi, -s (Auto)	*Er fährt einen Audi.*	
erfolgreich	*Der Audi ist ein erfolgreicher Wagen.*	
der Wagen, -	Der Audi ist ein erfolgreicher Wagen.	
wichtig	Der Audi 80 ist wichtig für die Firma Audi.	

BILDLEXIKON

der Betrieb, -e	Betrieb sucht Mitarbeiter für den Verkauf.	
der Export, -e	1980 gehen 35% aller ‚Audi 80' in den Export.	
die Halle, -n	In der Halle ist es sehr ordentlich und sauber.	
der Import, -e	Ich arbeite im Import und Export.	
das Lager, -	Früher hatten wir ein großes Lager.	
der Lkw, -/-s (Lastkraftwagen)	Heute kommen die Bauteile mit Lkws zu uns.	
die Maschine, -n	Maschinen machen heute gesundheitlich problematische Arbeitsvorgänge.	

3

das Fließband, ¨-er	*Alfons Beierl hat am Fließband gearbeitet.*	
die Produktion, -en	Die Produktion hat sich in den letzten drei Jahrzehnten geändert.	
das Werk, -e	Wie sieht es im Werk aus?	

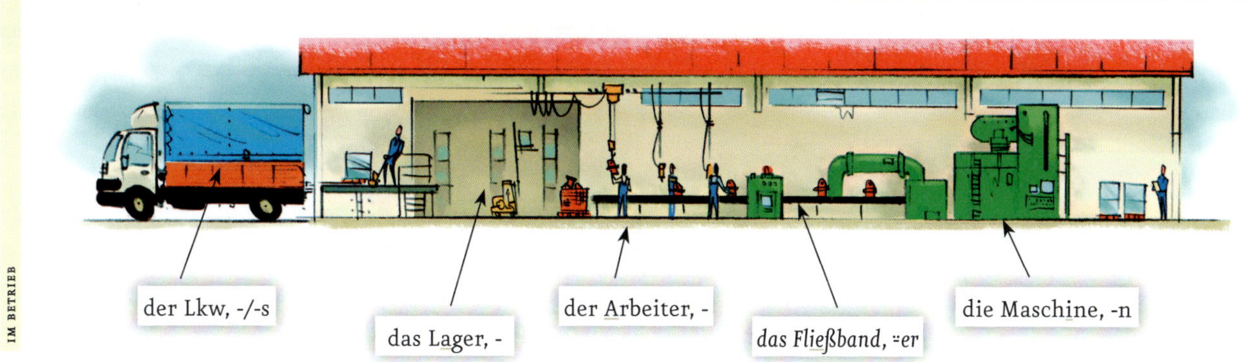

4

der Absatz, ¨e	*Welcher Absatz passt?*
die Arbeitsbedingungen (Pl.)	Die Arbeitsbedingungen in der Produktion sind heute anders.
der Arbeitsplatz, ¨e	Auch für die Ergonomie am Arbeitsplatz hat man viel getan.
der Arbeitsvorgang, ¨e	*Maschinen machen heute gesundheitlich problematische Arbeitsvorgänge.*
die Autoindustrie (Sg.)	Die deutsche Autoindustrie war schon in den 1970er- und 1980er-Jahren sehr effektiv.

das Bauteil, -e	Die Bauteile kommen von anderen Firmen zu uns.	
effektiv	*Die deutsche Autoindustrie war schon in den 1970er- und 1980er-Jahren sehr effektiv.*	
die Einsparung, -en	*Natürlich geht das nicht ohne Einsparungen.*	
die Ergonomie (Sg.)	*Auch für Ergonomie am Arbeitsplatz hat man viel getan.*	
das Fahrzeug, -e	*Audi hat mit seinen Fahrzeugen großen Erfolg.*	
die Fahrzeugklasse (Sg.)	*Heute machen wir in dieser Fahrzeugklasse 1700 Fahrzeuge am Tag.*	
das Filmteam, -s	Alfons Beierl führt das Filmteam durch die großen Produktionshallen.	
die Firmengeschichte (Sg.)	Fotos aus der Firmengeschichte zeigen, wie sich die Produktion geändert hat.	
gesundheitlich	Gesundheitlich problematische Arbeitsvorgänge: das Lackieren der Maschinen …	
der Industriemeister, - / die Industriemeisterin, -nen	Industriemeister Alfons Beierl geht bald in Rente.	
das Jahrzehnt, -e	Die Produktion hat sich in den vergangenen Jahrzehnten geändert.	
die Konkurrenz, -en	*Die internationale Konkurrenz ist groß.*	
das Lächeln (Sg.)	Er ergänzt mit einem kleinen Lächeln: …	
das Lackieren	*Das Lackieren der Autos machen heute Maschinen.*	

der Motorraum (Sg.)	Ein Foto zeigt die Arbeit im Motorraum 1981.	
das Nachfolgemodell, -e	*Im Jahr 2011 sind es 75% bei den Nachfolgemodellen.*	
problematisch	*Gesundheitlich problematische Arbeitsvorgänge: das Lackieren der Maschinen …*	
die Produktionshalle, -n	Alfons Beier führt das Filmteam durch die großen Produktionshallen.	
die Produktivität (Sg.)	*Neue Technologien haben die Produktivität verbessert.*	
die Rente, -n	Alfons Beierl geht bald in Rente.	
sinken	Die Produktion ist gesunken.	
sparen	Audi muss sparen.	
steigen	Die Produktion ist gestiegen.	
die Technologie, -n	Neue Technologien haben die Produktivität verbessert.	
der Urlaubstag, -e	Die Mitarbeiter bekommen heute mehr Urlaubstage.	
verbessern (sich)	Die Arbeitsbedingungen haben sich verbessert.	
vorn (sein)	Bei guten Autos sind wir ganz vorn.	
der Weltmarkt, ⸚e	Audi hat großen Erfolg auf dem Weltmarkt.	
der Wettbewerb, -e	*Bei dem starken internationalen Wettbewerb geht es natürlich nicht ohne Einsparungen.*	
winken	Er winkt zum Abschied.	

die Wirtschaft (Sg.)	Die Autoindustrie ist wichtig für die deutsche Wirtschaft.	
die Wochenarbeitszeit (Sg.)	Arbeiter und Angestellte haben heute eine kürzere Wochenarbeitszeit als früher.	

5

die Berufserfahrung (Sg.)	Guter Kfz-Mechatroniker mit viel Berufserfahrung sucht Festanstellung.	
die Bürogemeinschaft, -en	Suche dringend Büro in Bürogemeinschaft.	
die Festanstellung, -en	*Wir bieten eine Festanstellung bei gutem Lohn.*	
die Haushaltshilfe, -n	Suche ordentliche Haushaltshilfe für 10 Stunden pro Woche.	
die IT-Abteilung, -en	*Suchen freundliche Mitarbeiter (m/w) für unsere IT-Abteilung.*	
der Lohn, ¨-e	Wir bieten eine Festanstellung bei gutem Lohn.	
monatlich	Preis: monatlich bis 200 Euro	
die Reparatur, -en	Studentin bietet Hilfe im Haushalt und bei kleinen Reparaturen.	
der Verkauf, ¨-e	Suche Mitarbeiter für den Verkauf.	

6

angestellt (sein)	Ich möchte gern angestellt sein.
drinnen	Ich möchte gern drinnen arbeiten.
fest: feste Arbeitszeiten	Feste Arbeitszeiten sind mir wichtig.
das Team, -s	Ich arbeite gern im Team.
die Teilzeit (Sg.)	Ich möchte gern Teilzeit arbeiten.

TIPP

Schreiben Sie ein paar Sätze, zum Beispiel über Ihre Arbeit.

Ich bin angestellt bei ...
Ich arbeite seit ... in diesem Betrieb.
...

7

der Arbeitsort, -e	Schreiben Sie einen Beruf und den Arbeitsort auf einen Zettel.
das Berufe-Raten (Sg.)	*Spielen Sie Berufe-Raten.*
kleben	Kleben Sie den Zettel Ihrer Partnerin / Ihrem Partner auf die Stirn.
die Stirn (Sg.)	*Kleben Sie den Zettel Ihrer Partnerin / Ihrem Partner auf die Stirn.*

LERNZIELE

das Arbeitsleben (Sg.)	Was ist wichtig im Arbeitsleben?	
die Arbeitszeit, -en	Suche Job mit flexiblen Arbeitszeiten.	
der Bericht, -e	Der Bericht erzählt von einem Dokumentarfilm.	
der Dokumentarfilm, -e	*Frank Heistenbergs Dokumentarfilm zeigt dies am Beispiel von Audi.*	
der Nullartikel, -	*Nullartikel: flexible Arbeitszeit*	
die Wichtigkeit (Sg.)	*Wichtigkeit ausdrücken: Wie wichtig ist dir das?*	

MODUL-PLUS LESEMAGAZIN

1

auf·bauen	*Baut Muskeln auf.*	
die Ausdauer (Sg.)	*Keine Ausdauer?*	
aus·probieren	*Probiert es aus!*	
die Bauch-Beine-Po-Gymnastik (Sg.)	*täglich Bauch-Beine-Po-Gymnastik*	
beschäftigt	Sie ist eine viel beschäftigte Geschäftsfrau.	
der Drink, -s	*Unsere Gesundheitsbar hat gesunde Drinks im Angebot.*	
egal	Egal ob Mutter, Geschäftsfrau, Studentin oder Seniorin – bei LaDonnaSport seid ihr genau richtig!	

der Flyer, -	*Lesen Sie den Flyer.*	
das Frauen-Fitnessstudio, -s	*LaDonnaSport – dein Frauen-Fitnessstudio*	
das Gerät, -e	Trainiert euren Körper an über 40 modernen Geräten.	
die Geschäftsfrau, -en	Sie ist eine viel beschäftigte Geschäftsfrau.	
die Gesundheitsbar, -s	Die Gesundheitsbar hat viele leckere Salate im Angebot.	
die Hüfte, -n	*Zu viel Speck um die Hüften?*	
die Kinderbetreuung (Sg.)	Wir bieten professionelle Kinderbetreuung.	
der Lauftreff, -s	*jeden Freitag Lauftreff*	
das Lieblingsstudio, -s	LaDonnaSport ist mein Lieblingsstudio.	
der Muskel, -n	*Baut Muskeln auf!*	
die Öffnungszeit, -en	*Wie sind die Öffnungszeiten?*	
das Pilates	*dienstags und donnerstags Pilates*	
das Poweryoga (Sg.)	*wechselnde Angebote am Wochenende wie Zumba und Poweryoga*	
das Probetraining, -s	*Kommen Sie zum Probetraining!*	
professionell	*Wir bieten professionelle Kinderbetreuung.*	
die Rückenschmerzen (Pl.)	Haben Sie Rückenschmerzen?	
rundum	*Wer Sport treibt, ist rundum zufriedener.*	
der Senior, -en / die Seniorin, -nen	Egal ob Mutter, Geschäftsfrau, Studentin oder Seniorin – bei uns seid ihr richtig!	

9

der Speck (Sg.)	*Zu viel Speck auf den Hüften?*	
der Tag: Tag der offenen Tür	Einladung zum Tag der offenen Tür	
der Trainingsplan, ¨-e	Unser Team stellt euch gern einen persönlichen Trainingsplan zusammen.	
treiben: Sport treiben	Wer regelmäßig Sport treibt, lebt gesünder.	
unverbindlich	*Ein unverbindliches Probetraining ist möglich.*	
vorbei·schauen	*Schaut bei uns vorbei!*	
der Wellnessbereich, -e	*Entspannt euch im Wellnessbereich!*	
der Yogakurs, -e	*montags und mittwochs Yogakurse*	
das Zumba (Sg.)	*wechselnde Angebote am Wochenende wie Zumba und Poweryoga*	

2

das Mitglied, -er	Sind Sie Mitglied in einem Fitnessstudio?	

MODUL-PLUS FILM-STATIONEN

1

der Fußballprofi, -s	Ich möchte Fußball-Profi werden.	
zufällig	Sind die beiden verabredet oder treffen sie sich zufällig?	

1

anstrengend	Vor 100 Jahren war Wäschewaschen eine anstrengende Arbeit.
aus·spülen	*Zum Ausspülen haben die Frauen die Wäsche an einen Bach getragen.*
bezahlbar	Die erste Waschmaschine war noch sehr teuer und fast nicht bezahlbar.
duften	*Eine Stunde später kann man die saubere, frisch duftende Wäsche aus der Waschmaschine holen.*
ein·weichen	*Die Frauen haben die Wäsche erst einmal eingeweicht.*
die Haut, ¨-e	Das ist aber sehr schlecht für die Haut!
die Männerarbeit, -en	War das Waschen Männerarbeit?
das Soda (Sg.)	*Meistens hat man Soda verwendet.*
trocknen	Man kann die saubere Wäsche zum Trocknen aufhängen.
die Waschfrau, -en	Die Waschfrauen waren oft krank.
die Waschmaschine, -n	Seit 1951 gibt es Waschmaschinen.
das Waschpulver (Sg.)	*Tür auf, Wäsche rein, Waschpulver dazu, Tür zu.*

das Wäschewaschen (Sg.)	Vor 100 Jahren war Wäschewaschen eine anstrengende Arbeit.	
die Wasserpumpe, -n	*Zum Ausspülen haben die Frauen die Wäsche an einen Bach oder an eine Wasserpumpe getragen.*	

2

der Alltag (Sg.)	Wählen Sie ein Thema aus: Familie & Alltag	
die Hausarbeit (Sg.)	Hausarbeit: Wäsche waschen, kochen, staubsaugen …	
das Übergewicht (Sg.)	*Übergewicht: Man wiegt zu viel.*	

MODUL-PLUS AUSKLANG

1

dumm (sein)	Joggen wäre gar nicht so dumm.	
die Fitness (Sg.)	*Du solltest was für deine Fitness tun.*	
voll	Mein Terminkalender ist voll.	

Gut, dass du reserviert hast.

1

das Lokal, -e	Die beiden Personen sind in einem Lokal.

BILDLEXIKON

das Besteck, -e	das Besteck: Messer, Gabel, Löffel
der Essig, -e	Auf dem Tisch ist kein Essig.
die Gabel, -n	B hat keine Gabel.
die Kanne, -n	Wo ist die Kanne?
der Löffel, -	Für die Suppe brauchen wir einen Löffel.
das Messer, -	Das Messer ist nicht sauber.
das Öl, -e	Könnten Sie uns bitte das Öl bringen?
die Serviette, -n	*Können Sie mir eine Serviette bringen?*
der Zucker (Sg.)	Milch und Zucker zum Kaffee?

TIPP

Was passt zusammen?
Lernen Sie Wortpaare.

Essig – Öl

3

der Hamburger, -	*Vielleicht nehme ich einen Hamburger.*	
reservieren	Gut, dass du reserviert hast.	
wenigstens	Sie haben wenigstens Pommes.	

4

die Bratkartoffeln (Pl.)	Ein Schnitzel mit Bratkartoffeln, bitte.	
die Hähnchenbrust, ⸚e	*Ich denke, dass ich die Hähnchenbrust nehme.*	
der Hering, -e	*Hering ist ein Fisch.*	
die Olive, -n	*Ich nehme einen großen Salat mit Schafskäse und Oliven.*	
die Paprikasuppe, -n	*Ich möchte die Paprikasuppe.*	
die Pfeffersoße, -n	Das Steak in Pfeffersoße sieht lecker aus.	
der Schafskäse (Sg.)	*Ich nehme einen gebackenen Schafskäse.*	
das Steak, -s	Olli nimmt ein Steak.	
die Vanillesoße, -n	*Gut, dass es Rote Grütze mit Vanillesoße gibt.*	

5

das Kartoffelpüree, -s	*Sie möchte den Fisch mit Kartoffelpüree.*

7

der Augenblick, -e	Einen Augenblick, bitte.

8

trennen: getrennt zahlen	Olli und Julia zahlen getrennt.
machen	Das macht 12,90 Euro.

medium	*Ich habe kein Steak medium bestellt.*	
stimmen (Restaurant)	Stimmt so!	
versalzen	*Die Kartoffeln waren versalzen.*	
zahlen	Wir würden gern zahlen.	

9

reagieren	Reagieren Sie.	
die Spielanweisung, -en	*Lesen Sie die Spielanweisung.*	
der Start, -s	Beginnen Sie bei „Start“.	

LERNZIELE

dass	Konjunktion dass: Schade, dass es keine Pizza gibt.	
reklamieren	*reklamieren: Der Salat war nicht frisch.*	
Verzeihen Sie	Verzeihen Sie, aber die Suppe ist kalt.	

Ich freue mich so.

1

der Geschäftspartner, - / die Geschäftspartnerin, -nen	Ich glaube, dass sie eine Geschäftspartnerin ist.
das Jubiläum, -äen	*Die Firma feiert ihr zehnjähriges Jubiläum.*
die Pensionierung, -en	*Vielleicht feiert sie ihre Pensionierung.*

2

organisieren	Ich glaube, dass die Firma Hochzeiten organisiert.
restlos	*Wir sind restlos glücklich mit dir, Luisa.*

BILDLEXIKON

die Aktentasche, -n	*Plastik- und Textilreste werden zu neuen Aktentaschen.*
das Briefpapier (Sg.)	Woraus ist Briefpapier?
der Briefumschlag, ¨-e	Wir haben Briefumschläge aus alten Landkarten gemacht.

das Geschenkpapier, -e	Das erste Produkt der Firma war Geschenkpapier.	
der Notizblock, ¨-e	Aus Altpapier werden bunte Notizblöcke.	
das Portemonnaie, -s	= die Geldbörse	
der Rucksack, ¨-e	*Woraus ist dieser Rucksack?*	

3

das Altpapier (Sg.)	In ihren Werkstätten wird Altpapier zu Briefpapier.	
die Arbeitsstelle, -n	*Sie können jungen Erwachsenen eine gute Arbeitsstelle bieten.*	
das Betriebsklima (Sg.)	Das Betriebsklima ist sehr gut.	
der Buchdrucker, - / die Buchdruckerin, -nen	*Luisa Bauer ist gelernte Buchdruckerin.*	
der Bürgermeister, - / die Bürgermeisterin, -nen	Bürgermeister Ludger Rennert hat die Unternehmerin gelobt.	
die Designermöbel (Pl.)	*Aus alten Tischen und Schränken werden neue Designermöbel.*	
das Engagement, -s	*Ihr Engagement ist so wichtig.*	
der/die Erwachsene, -n	Sie können jungen Erwachsenen eine gute Arbeitsstelle bieten.	
die Firmengründung, -en	*Luisa hatte zwei Gründe für die Firmengründung.*	

das Firmenjubiläum, -äen	*Der Bürgermeister hat die Unternehmerin zum zehnjährigen Firmenjubiläum gelobt.*	
gehen: durch den Kopf gehen	Zwei Gedanken sind Luisa Bauer immer wieder durch den Kopf gegangen.	
die Getränkeverpackung, -en	*Getränkeverpackungen werden zu neuen Geldbörsen.*	
her·stellen	Die Firma stellt Produkte aus Müll her.	
die Kleider (Pl.)	Aus Second-Hand-Kleidern wird Mode.	
loben	Der Bürgermeister lobt Luisa Bauer für ihr Engagement.	
die Messe, -n	*Die Produkte kann man auch auf Messen kaufen.*	
die Plastik- und Textilreste (Pl.)	*Plastik- und Textilreste werden zu neuen Aktentaschen.*	
sinnvoll	Die Kunden können Müll sinnvoll verwenden.	
sozial	Umweltschutz, soziales Engagement und wirtschaftlicher Erfolg passen prima zusammen.	
topmodern	*Aus Kleider-Resten wird topmoderne Mode.*	
der Umweltschutz (Sg.)	„Aus Alt mach Neu“ ist gut für den Umweltschutz.	
der Unternehmer, - / die Unternehmerin, -nen	Luisa Bauer ist Unternehmerin.	
vielseitig	*Die Arbeit ist vielseitig und interessant.*	

der Werkstattladen, ¨	Man kann die Produkte auch im Werkstattladen kaufen.	
wirtschaftlich	*Soziales Engagement und wirtschaftlicher Erfolg passen gut zusammen.*	
zusammen·passen	Soziales Engagement und wirtschaftlicher Erfolg passen gut zusammen.	

4

froh (sein)	Ich bin froh, dass Luisa die Idee hatte.	
schrecklich	Ich finde es schrecklich, dass man so viel wegwirft.	
weg·werfen	Ich finde es schrecklich, dass man so viel wegwirft.	

5

der Autoreifen, -	Was kann man aus Autoreifen machen?	
die Plastikflasche, -n	Ich glaube, dass der Stuhl aus Plastikflaschen ist.	
die Plastiktüte, -n	Vielleicht ist die Tasche aus Plastiktüten.	
die Schallplatte, -n	*Was kann man aus Schallplatten machen*	
die Schuhsohle, -n	*Woraus sind eigentlich Schuhsohlen?*	
der Stoff, -e	Kleider sind meistens aus Stoff.	
woraus	Woraus sind diese Produkte?	

MATERIALIEN

das Plastik (Sg.) (A1)

das Glas (Sg.) (A1)

das Holz (Sg.) (A1)

das Papier (A1)

der Stoff, -e

das Metall, -e (A1)

6

das Altmaterial (Sg.)	*Ist es normal, dass Sie so einfach Altmaterial bekommen?*	
der Aus-alt-mach-neu-Markt, ⸚e	*Ich habe eine Idee: einen internationalen ‚Aus-alt-mach-neu-Markt'.*	
damals	Ein Schulbuch-Verlag hat uns damals 8000 Landkarten geschenkt.	
der Designmöbelhändler, -	*Ein Designmöbelhändler hat gesagt, dass Ihr Laden nur ein billiger Second-Hand-Shop ist.*	
fühlen (sich)	Ich fühle mich prima.	

die Internetplattform, -en	*Ich hätte gern eine Internetplattform für Firmen wie unsere.*	
die Landkarte, -n	Aus den Landkarten haben wir Geschenkpapier und Briefumschläge gemacht.	
der Schulbuch-Verlag, -e	*Ein Schulbuch-Verlag hat uns damals 8000 Landkarten geschenkt.*	
der Second-Hand-Shop, -s	*Ein Designmöbelhändler hat gesagt, dass Ihr Laden nur ein billiger Second-Hand-Shop ist.*	
das Unternehmen, -	Seit zehn Jahren sind Sie selbstständig mit Ihrem Unternehmen.	

TIPP

Lernen Sie Wörter mit Bewegung. Spielen Sie die Bedeutung von Wörtern.

Ich fühle mich stark.

7

die Deutschstunde, -n	Erinnerst du dich an die erste Deutschstunde?	
treffen (sich)	Ich treffe mich abends mit Freunden.	
unterhalten (sich)	Unterhältst du dich oft mit den Nachbarn?	
verstehen (sich)	Verstehst du dich gut mit deinen Kollegen?	

8

das Gästebuch, ¨-er	Willkommen im Gästebuch der Firma „Restlos Glücklich GmbH“.	
das Online-Gästebuch, ¨-er	*Lesen Sie die Kommentare im Online-Gästebuch.*	
die Zusammenarbeit (Sg.)	Wir möchten uns für die gute Zusammenarbeit bedanken.	

LERNZIELE

der Gebrauchsgegenstand, ¨-e	Die Firma verkauft Gebrauchsgegenstände, Mode und Möbel.	
reflexiv	*reflexive Verben: sich freuen, sich erinnern*	
der Zeitungsartikel, -	Überfliegen Sie den Zeitungsartikel.	

12 Wenn es warm ist, essen wir meist Salat.

2

bestehen (aus)	Aus wie vielen Personen besteht eine Durchschnittsfamilie?
die Durchschnittsfamilie, -n	Familie Schneider ist eine Durchschnittsfamilie.
verbrauchen	Wie viel verbraucht die Familie in einer Woche?

BILDLEXIKON

das Getreide, -	Brot macht man aus Getreide.
die Limonade, -n	Männer trinken häufiger Limonade als Frauen.
das Mineralwasser (Sg.)	Die meisten Deutschen trinken viel Mineralwasser.
die Wurst, ⸚e	Ich glaube, dass die Deutschen viel Wurst essen.

TIPP

Erklären Sie Wörter.

LIMONADE

Das ist ein Getränk ohne Alkohol. Es hat viel Zucker.

3

der Alkohol (Sg.)	Männer trinken rund 30 g Alkohol am Tag.	
ansonsten	*Ansonsten trinken Frauen mehr Kräuter- und Früchtetees.*	
aus·machen	Wasser macht davon etwa die Hälfte aus.	
das Bundesministerium, -ien	*Das Bundesministerium hat zur Ernährung eine Umfrage gemacht.*	
durchschnittlich	Durchschnittlich essen Männer nur 29 g Fisch.	
empfehlen	Aber auch Frauen schaffen die empfohlene Menge nicht.	
der Früchtetee, -s	*Frauen trinken mehr Früchtetee als Männer.*	
das Getreideprodukt, -e	Am häufigsten essen die Deutschen Brot und Getreideprodukte.	
die Hälfte, -n	= 50 Prozent	
häufig	Männer trinken häufiger Alkohol als Frauen.	
heraus·finden	*Das Bundesministerium hat einige interessante Ergebnisse herausgefunden.*	
kaum	Die Deutschen essen kaum Fisch.	
der Lebensmittel-Konsum	Wie sieht der Lebensmittel-Konsum in Deutschland aus?	

das Nicht-Alkoholische	*Pro Tag soll man 1,5 Liter Nicht-Alkoholisches trinken.*	
rund (= circa)	Männer essen rund 30 g Fisch pro Tag.	
die Spirituose, -n	*Vor allem junge Männer trinken Spirituosen.*	
unter	Das Bundesministerium hat eine Umfrage unter Jugendlichen und Erwachsenen gemacht.	
der Wintermonat, -e	Am meisten Obst essen die Deutschen in den Wintermonaten.	
die Wurstwaren (Pl.)	Männer essen doppelt so viel Fleisch und Wurstwaren wie Frauen.	
zweimal (so viel/-)	= doppelt so viel	

GETRÄNKE

nicht-alkoholische Getränke

der Kaffee, -s (A1)

der Tee, -s (A1)

die Limonade, -n

das Mineralwasser (Sg.)

der (Orangen-)Saft, ¨-e (A1)

alkoholische Getränke

der Wein, -e (A1)

das Bier, -e (A1)

5

aus·suchen — Wenn ich Geburtstag habe, darf ich mir ein Essen aussuchen.

braten	Wenn Gäste kommen, brate ich Fleisch oder Fisch.	
das Statement, -s	*Hören Sie die Statements von Familie Schneider.*	
zusammen·sitzen	Ich liebe es, wenn wir alle zusammensitzen.	

6

die Diät, -en	Sie machen eine Diät.	
die Kochgewohnheiten (Pl.)	Was sind Ihre Ess- und Kochgewohnheiten?	
das Menü, -s	Sie möchten ein Menü kochen.	
das Party-Buffet, -s	Sie machen etwas für ein Party-Buffet.	
preiswert	Das Essen soll preiswert sein.	
scharf	Sie möchten scharf essen.	
vegetarisch	Sie möchten vegetarisch essen.	

7

das Milchprodukt, -e	Käse, Sahne, Joghurt sind Milchprodukte.	
das Rind(-fleisch) (Sg.)	Ich esse aber zu viel Fleisch, vor allem Rind und Huhn.	
die Vollkornnudel, -n	*Ich esse oft Brot und Vollkornnudeln.*	
wahrscheinlich	Wahrscheinlich esse ich zu viel Käse.	

LERNZIELE

der Sachtext, -e	*Lesen Sie den Sachtext.*
überraschen	Es überrascht mich, dass die Deutschen so wenig Fisch essen.
die Überraschung, -en	Überraschung ausdrücken: Es überrascht mich.
wenn	Konjunktion wenn: Wenn es warm ist, essen wir meist Salat.

MODUL-PLUS LESEMAGAZIN

1

ab: ab und zu	Karotten und Zwiebeln ab und zu wenden.
an·dünsten	*Karotten und Zwiebeln bei mittlerer Hitze andünsten.*
die Bratensoße, -n (Sg.)	Dunkle Bratensoße wird besonders schön, wenn Sie eine Prise Zucker unterrühren.
dazu·gießen	*150 ml Gemüsebrühe dazugießen.*
der/das Download, -s	*Download: Einkaufszettel / Rezept*
die Einkaufsliste, -n	Von der Webseite können Sie Einkaufslisten herunterladen.
erfahren	Hier erfahren Sie alles über die verschiedenen Apfel-Sorten.

erhitzen	*Etwas Butter in einer Pfanne erhitzen.*	
die Ernährungsumstellung (Sg.)	*So schaffen Sie die Ernährungsumstellung.*	
eventuell	Eventuell ein bisschen Grün stehen lassen.	
festlich	*Egal ob für die Single-Küche, ein festliches Abendessen für Gäste oder eine Party – noch nie war Kochen so einfach.*	
der Gegensatz, ¨-e	Genuss und gesundes Essen sind keine Gegensätze.	
der Gehalt (Sg.)	Karotten haben einen hohen Vitamin-A-Gehalt.	
die Gemüsebrühe (Sg.)	*150 ml Gemüsebrühe dazugießen.*	
der Genuss, ¨-e	*Genuss und gesundes Essen sind keine Gegensätze.*	
der Geschmack, ¨-er	Sie finden über 2000 Rezepte für jeden Geschmack.	
gleichzeitig	Schlemmen und gleichzeitig fit bleiben?	
herbstlich	*Herbstliche Tischdekoration mit Äpfeln und Zweigen.*	
die Hitze (Sg.)	Bei mittlerer Hitze andünsten.	
die Karotte, -n	*Für das Karotten-Rezept brauchen Sie nur eine halbe Stunde.*	
der Knochen, -	*Karotten sind gesund für Haut und Knochen.*	
das Lieblings-Rezept, -e	Drucken Sie Ihr Lieblings-Rezept aus.	

der Milliliter (ml)	150 ml Gemüsebrühe
die Pfanne, -n	Etwas Butter in einer Pfanne erhitzen.
die Prise, -n	Eine Prise Zucker unterrühren.
herunter·laden	Von der Webseite können Sie Einkaufslisten herunterladen.
saisonal	Wir achten sehr auf saisonale Zutaten.
schaden	Schadet der hohe Zuckergehalt den Zähnen?
schälen	Ca. 400g Karotten waschen und schälen.
das Schlemmen	Schlemmen und gleichzeitig fit bleiben?
der Schritt, -e	Schritt für Schritt erklären wir die Zubereitung.
die Single-Küche, -n	Rezepte auch für die Single-Küche
der Smoothie, -s	Sind Smoothies wirklich so gesund wie Obst?
die Sorte, -n	Hier erfahren Sie alles über die verschiedenen Sorten.
die Tischdekoration (Sg.)	Herbstliche Tischdekoration mit Äpfeln und Zweigen.
unter·rühren	Omas Trick: Rühren Sie eine Prise Zucker unter.
versorgen	Äpfel versorgen uns mit wichtigen Vitaminen.
der Vitamin-A-Gehalt (Sg.)	Karotten haben einen hohen Vitamin-A-Gehalt.
die Zubereitung (Sg.)	Schritt für Schritt erklären wir die Zubereitung.

der Zucker- und Säuregehalt (Sg.)	*Schadet der hohe Zucker- und Säuregehalt den Zähnen?*	
der Zweig, -e	*Herbstliche Tischdekoration mit Äpfeln und Zweigen.*	

MODUL-PLUS FILM-STATIONEN

1

das Lammfleisch (Sg.)	*Lena nimmt das Lammfleisch.*	
der Sonderwunsch, ⸚e	*Welche Sonderwünsche haben Sie im Restaurant?*	
verbrennen	*Das Essen ist verbrannt.*	

2

durcheinander (sein)	Der Kellner war durcheinander.	
schief: schief·gehen	Hoffentlich geht das nicht auch noch schief!	
verschütten	*Der Kellner hat den Sekt verschüttet.*	
wundern (sich)	Die vier wundern sich, dass das Restaurant so leer ist.	

MODUL-PLUS PROJEKT LANDESKUNDE

1

die Auswahl (Sg.)	*Die Kellner sind hilfsbereit bei der Auswahl des Menüs.*	

die Bewertung, -en	Das Restaurant hat 12 Bewertungen.	
charmant	Das Restaurant möchte seinen Gästen hochwertige Küche in charmanter Atmosphäre bieten.	
empfehlenswert	Das Essen ist empfehlenswert.	
entspannt	Wenn Sie also in entspannter Atmosphäre essen möchten, dann sind Sie im Luna genau richtig.	
das Highlight, -s	Unser persönliches Highlight war der Spargelsalat mit Ei.	
hilfsbereit	Die Kellner sind hilfsbereit bei der Auswahl des Menüs.	
hochwertig	Das Restaurant möchte seinen Gästen hochwertige Küche in charmanter Atmosphäre bieten.	
das Schanzenviertel	Das Luna im Schanzenviertel: ein charmantes Restaurant mit sehr guter Küche.	
der Spargelsalat, -e	Unser persönliches Highlight war der Spargelsalat mit Ei.	
stilvoll	Das Luna ist stilvoll eingerichtet.	

2

die Pizzeria, -s / Pizzerien	Pizzeria Roma	
die Restaurantbewertung, -en	Diskutieren Sie über die Restaurantbewertung.	
der Restaurantführer, -	Machen Sie einen Restaurantführer im Kurs.	
der Stern, -e	Für das Essen würde ich fünf Sterne geben.	

MODUL-PLUS AUSKLANG

das Genie, -s	*Ich fühle mich nicht als Genie.*	Genius
die Hauptspeise, -n	Und dann die Hauptspeise!	Main course
das Liebesgedicht, -e	*Bei ihm ist ein Menü wie ein Liebesgedicht.*	Love poem
der Marathonlauf, ¨-e	*Den Marathonlauf schaffe ich nie.*	Marathon Run
die Nachspeise, -n	Zum Schluss gibt es die Nachspeise.	Desert
das Sixpack, -s	*Ich weiß, dass ich keinen Sixpack habe.*	Sixpack abbs
stören	All diese Fehler stören mich nicht.	disturb

Meine erste „Deutschlehrerin“

1

die Bratwurst, ¨-e	*Ich hätte gern einmal die Bratwurst.*	Wurze
der Deutschlehrer, - / die Deutschlehrerin, -nen	meine erste „Deutschlehrerin“	German Teacher

BILDLEXIKON

an·schauen	Schauen Sie deutsche Filme an.
auf·schreiben	Ich muss immer Sätze aufschreiben.
lösen	Ich finde es wichtig, dass man viele Grammatikaufgaben löst.
die Nachrichten (Pl.)	Man sollte oft Nachrichten hören.
nach·sprechen	*Ich muss Sätze immer sofort nachsprechen.*
das Vokabelkärtchen, -	*Für mich gibt es nur einen Weg: Vokabelkärtchen schreiben.*
wiederholen	Ich muss Wörter oft wiederholen.

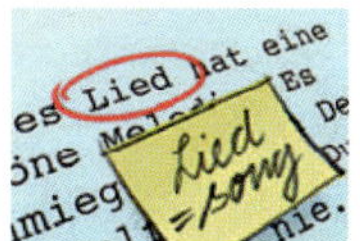

Wörter übersetzen

Lieder mit·singen

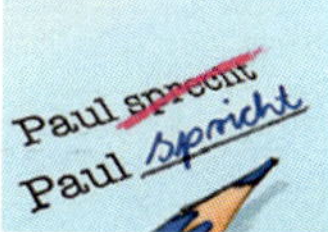

Fehler korrigieren

Zeitschriften lesen

viel sprechen

Bilder zeichnen

3

eineinhalb	*Hat Paul Marie für eine Woche oder eineinhalb Monate besucht?*
die Gegenwart (Sg.)	heute (= Gegenwart)
das Goethe-Institut, -e	Er hat Deutschkurse am Goethe-Institut besucht.
häufig	Wie oft ist das passiert? – Häufig.
der Muttersprachler, - / die Muttersprachlerin, -nen	*Wenn man eine Fremdsprache lernen will, muss man mit Muttersprachlern sprechen.*
das Semester, -	Das Stipendium hat Paul im vierten Semester bekommen.
das Stipendium, -ien	*Das Stipendium hat Paul im vierten Semester bekommen.*
verlieben (sich)	Paul hat sich in Marie verliebt.
verreisen	Marie ist lange verreist.

4

die Klasse, -n	Ich habe Englisch gelernt, als ich in die dritte Klasse gekommen bin.
die Sprachlerngeschichte, -n	Schreiben Sie einen Text zu Ihrer Sprachlerngeschichte.
verteilen	Mischen Sie die Texte und verteilen Sie sie.

die Volkshochschule, -n	Wo haben Sie Ihren ersten Deutschkurs besucht? – An der Volkshochschule.
weitere	*Haben Sie weitere Fremdsprachen gelernt?*

5

allerwichtigst-	Der kommunikative Typ findet Sprechen am allerwichtigsten.
auditiv	*Der auditive Typ muss die Sprache oft hören.*
bewegen (sich)	Der haptische Typ möchte sich gern bewegen.
haptisch	*Der haptische Typ arbeitet sehr gern mit seinen Händen.*
der Klang, ¨-e	*Für den auditiven Typ ist der Klang einer Sprache wichtig.*
kognitiv	*Der kognitive Typ findet Grammatik sehr wichtig.*
kommunikativ	*Ohne Sprachpraxis kann der kommunikative Typ keine Sprache lernen.*
der Lernertyp, -en	Zu den meisten Menschen passt nicht nur ein Lernertyp.
merken (sich)	Ich muss Sätze so oft wie möglich hören, dann kann ich sie mir gut merken.
möglich	Man muss natürlich so viel wie möglich üben.
die Sprachpraxis (Sg.)	Ohne Sprachpraxis kann der kommunikative Typ keine Sprache lernen.

der Test, -s	Tests helfen mir nicht.	Test
der Typ, -en	Welche Typen passen zu Ihnen?	Type
visuell	*Der visuelle Typ muss alles sehen.*	

6

entfernt (sein)	„lieben" – Dieses Wort ist für mich das schönste deutsche Wort, weil es nur ein „i" vom Leben entfernt ist.	Away
frei: frei haben	Nach einer Sternschnuppe hat man immer einen Wunsch frei.	have free
der Geruch, ⸚e	*„Sommerregen" ist das schönste deutsche Wort, weil ich den Geruch von Sommerregen gern mag.*	The odor
der Sommerregen, -	Ich mag den Geruch von Sommerregen, denn er erinnert mich an den Sommer.	Summer rain
die Sternschnuppe, -n	*Mein schönstes deutsches Wort lautet: „Sternschnuppe".*	Shooting Star.

TIPP

Zerschneiden Sie die Wörter und legen Sie die Buchstaben wieder zusammen.

7

melodisch	*Vietnamesisch klingt sehr melodisch.*	
(das) Türkisch	*Wie klingt Türkisch?*	
(das) Vietnamesisch	*Vietnamesisch klingt sehr melodisch.*	

LERNZIELE

als (temporal)	Als ich im vierten Semester war, habe ich das Stipendium bekommen.	
das Audiotraining, -s	*Für mich ist das Audiotraining sehr wichtig.*	
der Lerntipp, -s	Welcher Lerntipp aus dem Bildlexikon passt am besten zu den Lernertypen?	
die Sprachlernerfahrung, -en	Berichten Sie über Ihre Sprachlernerfahrungen.	

14 Es werden fleißig Päckchen gepackt.

1

ein·packen	Ich glaube, sie packen Geschenke für ihr Enkelkind ein.	
das Enkelkind, -er	Ich glaube, sie packen Geschenke für ihr Enkelkind ein.	

2

der Handschuh, -e	Die Mütze, den Schal und die Handschuhe legen wir ganz unten rein.	
der Junge, -n	Das Päckchen geht an einen Jungen.	
der Karton, -s	*Was packen die beiden in den Karton?*	
das Mädchen, -	Die Geschenke sind für ein Mädchen.	
die Nuss, ⸚e	*Nüsse sind nicht erlaubt.*	
(das) Osteuropa	In Osteuropa ist es jetzt ganz schön kalt.	
das Päckchen, -	Das Päckchen geht an einen Jungen.	
packen	Was packen die beiden in den Karton?	
der Schal, -s auch -e	*Die Mütze, den Schal und die Handschuhe legen wir ganz unten rein.*	
die Stofftasche, -n	Wir schenken dem Kind eine schöne Stofftasche.	

das Stofftier, -e — Ich habe auch ein Stofftier gekauft.

BILDLEXIKON

der Absender, -	Ergänzen Sie den Absender.
der Briefkasten, ¨	Der Brief wird zum Briefkasten gebracht.
der Empfänger, -	Das Paket wird zum Empfänger gebracht.
das Paket, -e	Das Paket wird transportiert.
unterschreiben	Unterschreiben Sie bitte hier.
die Unterschrift, -en	Die Unterschrift bitte nicht vergessen!
der Schalter, -	Das Paket wird am Schalter gewogen.

TIPP

Beschreiben Sie Wörter, zum Beispiel *Paket*.
Wie sieht es aus? *Es ist groß, braun, eckig ...*
Was macht man damit? *Man bringt es zur Post ...*
Aus welchem Material ist es? ...

3

arm	Im Dezember werden die Päckchen an arme Mädchen und Jungen verschickt.	
(das) Asien	*Die Organisatoren verschicken die Päckchen an arme Kinder in Osteuropa und Asien.*	
der Organisator, -oren / die Organisatorin, -nen	*Wie jedes Jahr bitten die Organisatoren Menschen in Deutschland und Österreich um ihre Hilfe.*	
rumänisch	*1990 hat man zum ersten Mal Päckchen an rumänische Kinder verteilt.*	
der Schuhkarton, -s	*Seit 1990 schon gibt es das Projekt „Weihnachten im Schuhkarton“.*	
verschicken	*Die Organisatoren verschicken die Päckchen an arme Kinder in Osteuropa und Asien.*	

4

ab·schicken	*Zuletzt wird das Paket abgeschickt.*	
auf·kleben	*Dann wird das Etikett mit dem Empfänger aufgeklebt.*	
bekleben	*Zuerst wird der Karton beklebt.*	
das Geräusch, -e	*Hören Sie die Geräusche.*	
das Geschlecht, -er	*Bitte Geschlecht und Alter ankreuzen.*	

das Gummiband, ⸚er	*Zuletzt wird der Karton mit Gummibändern verschlossen.*	
das Oberteil, -e	*Ober- und Unterteil eines Schuhkartons mit Geschenkpapier bekleben.*	
schließlich	Schließlich wird das Paket gepackt.	
die Schulsachen (Pl.)	Am besten verschiedene Geschenke (Stofftiere, Schulsachen und Süßigkeiten) in den Karton legen.	
das Unterteil, -e	*Ober- und Unterteil eines Schuhkartons mit Geschenkpapier bekleben.*	
verschließen	*Zuletzt wird der Karton mit Gummibändern verschlossen.*	
der Weihnachtsgruß, ⸚e	Legen Sie eine Karte mit Weihnachtsgrüßen in das Päckchen.	

5

das Porto, -s	*Das Porto wird bezahlt.*	
transportieren	Briefe, Päckchen und Pakete werden transportiert.	

einen Brief schreiben (A1)

eine Briefmarke (A1) auf·kleben

einen Brief zum Briefkasten bringen

ein Paket packen

ein Paket wiegen

das Porto bezahlen

den Absender und den Empfänger ergänzen

6

die Chili-Schokolade, -n	*drei Tafeln Chili-Schokolade*	
die Gesichtscreme, -s	Für wen ist die Gesichtscreme?	
die Konzertkarte, -n	ein Gutschein für zwei Konzertkarten	

7

benutzen	Ich habe die Creme gleich benutzt.	
gebrauchen	Was können Sie gut gebrauchen?	

LERNZIELE

die Gebrauchsanweisung, -en	Lesen Sie die Gebrauchsanweisung noch einmal.	
das Passiv, -e	*Passiv Präsens: Das Päckchen wird gepackt.*	
die Zeitungsmeldung, -en	*Überfliegen Sie die Zeitungsmeldung.*	

Gleich geht's los!

1

der Fernsehabend, -e	Ein Fernsehabend: Würden Sie diesen Krimi gern sehen?	

BILDLEXIKON

die DVD, -s	*Was sehen Sie gern auf DVD?*	
die Fernbedienung, -en	Wo ist denn die Fernbedienung?	

der Krimi, -s	Sehen oder lesen Sie auch gern Krimis?	
die Mediathek, -en	*Ich gucke den Krimi später in der Mediathek.*	
der Regisseur, -e / die Regisseurin, -nen	*Sydney Pollack ist Regisseur.*	
der Rundfunk (Sg.)	Gemeinsam mit der ARD gehört das ZDF zum öffentlich-rechtlichen Rundfunk.	
die Sendung, -en	Auch SF und ORF produzieren Tatort-Sendungen.	
die Serie, -n	*Bill Cosby Show (Serie)*	
der Zuschauer, -	*Millionen Zuschauer in Deutschland, Österreich und in der Schweiz sehen am Sonntagabend die neueste Folge.*	

2

(das) Afrika	*Jenseits von Afrika (Liebesfilm)*	
das Fernsehprogramm, -e	Lesen Sie das Fernsehprogramm.	
jenseits	*Jenseits von Afrika (Liebesfilm)*	
das Kabel, -	*kabeleins ist ein Privatsender.*	
der Kriminalfilm, -e	Donna Leon – Schöner Schein (Kriminalfilm)	
der Liebesfilm, -e	Jenseits von Afrika (Liebesfilm)	
der NDR (Norddeutscher Rundfunk)	*Der NDR ist ein öffentlich-rechtlicher Sender.*	

die Regie (Sg.)	Regie: Sydney Pollack.	
(das) SAT.1	SAT.1 ist ein Privatsender.	
der Schein (Sg.)	Donna Leon – Schöner Schein (Kriminalfilm)	
schweigen	Der Wald steht schwarz und schweiget (TV-Krimi)	
der Sender, -	Der NDR ist ein öffentlich-rechtlicher Sender.	
der Spielfilm, -e	Jenseits von Afrika ist ein Spielfilm.	
der Super-Champion, -s	Der Super-Champion 2012 (Quiz)	
der TV-Krimi, -s	Der Wald steht schwarz und schweiget (TV-Krimi)	
das TV-Programm, -e	TV-Programm Sonntag, 14.04.	
u. a. (und andere)	Film mit Meryl Streep u. a.	
das ZDF	Das ZDF (Zweites Deutsches Fernsehen) ist ein öffentlich-rechtlicher Sender.	

3

die Abwechslung, -en	Die Zuschauer suchen Abwechslung.	
die ARD	Der Tatort ist eine Produktion der ARD.	
begegnen	Man begegnet in Niedersachsen der kühlen Kommissarin Charlotte Lindholm.	
brummig	In Kiel begegnet man dem brummigen Kommissar Borowski.	

derselbe	Die Kommissare werden nicht von denselben Schauspielern gespielt.	
drehen	Früher wurde eine Folge pro Monat gedreht.	
die DVD-Box, -en	*Man kann seinen Freunden Tatort-Sendungen als DVD-Box schenken.*	
einsam	In Österreich begegnet man dem einsamen Inspektor Moritz Eisner.	
das Erste Deutsche Fernsehen	*Die ARD ist besser bekannt als Erstes Deutsches Fernsehen.*	
der Fakt, -en	*Fakten: Den Tatort gibt es seit 1970.*	
der Fall, ¨-e	Auch die alten Fälle kommen immer wieder ins Programm.	
die Gaststätte, -n	Manche Gaststätten und Kneipen organisieren am Sonntagabend ein Tatort-Public-Viewing.	
die Gemeinschaft, -en	Das Erste ist die Gemeinschaft von neun regionalen öffentlich-rechtlichen Sendern.	
der Hauptdarsteller, - / die Hauptdarstellerin, -nen	*Jeder Ort hat seine eigenen Hauptdarsteller.*	
der Inspektor, -en	*Inspektor Moritz Eisner aus Wien*	
knapp	Die Produktionskosten liegen bei knapp über einer Million Euro pro Folge.	

der Kommissar, -e / die Kommissarin, -nen	Kommissar Borowski, Kommissarin Charlotte Lindholm
die Krimiserie, -n	Tatort ... so heißt die älteste Krimiserie im deutschsprachigen Fernsehen.
der Lieblingsdarsteller, - / die Lieblingsdarstellerin, -nen	Wer möchte, kann seinen Freunden Tatort-Sendungen mit seinem Lieblingsdarsteller kaufen.
(das) Niedersachsen	Man begegnet in Niedersachsen der kühlen Kommissarin Charlotte Lindholm.
öffentlich-rechtlich	„Öffentlich-rechtlich" bedeutet, dass es keine Privatsender sind.
der Österreichische Rundfunk (ORF)	Auch der Österreichische Rundfunk produziert Tatort-Sendungen.
der Privatsender, -	SAT.1 und kabel eins sind Privatsender.
die Produktionskosten (Pl.)	Die Produktionskosten liegen bei knapp über einer Million Euro pro Folge.
produzieren	Auch der Österreichische Rundfunk produziert Tatort-Sendungen.
regional	Das Erste ist die Gemeinschaft von neun regionalen öffentlich-rechtlichen Sendern.
das Schweizer Fernsehen (SF)	Auch das Schweizer Fernsehen produziert Tatort-Sendungen.
sodass	Aber auch die alten Fälle kommen immer wieder ins Programm, sodass man inzwischen fast jeden Tag Tatort sehen kann.

die Spielfilmlänge, -n	*Mit 90 Minuten hat der Tatort Spielfilmlänge.*	
der Tatort, -e	*Wer produziert den Tatort?*	
das Tatort-Public-Viewing, -s	*Gaststätten und Kneipen organisieren am Sonntagabend ein Tatort-Public Viewing.*	
der Textabschnitt, -e	Welcher Textabschnitt passt?	
die TV-Erfolgsgeschichte, -n	*Der Tatort ist eine der größten TV-Erfolgsgeschichten im deutschsprachigen Fernsehen.*	
zugleich	*Der Tatort ist die älteste Krimiserie und zugleich eine der größten TV-Erfolgsgeschichten.*	

4

beziehen (sich)	Worauf beziehen sich die Pronomen?	
der Fahrplan, ¨-e	Ich gebe dir den Fahrplan.	
der Kinderwagen, -	Kannst du mir einen guten Kinderwagen empfehlen?	
das Parfüm, -e oder -s	Schenkt dein Mann dir Parfüm?	
die Rose, -n	Kauft dein Mann dir oft Rosen?	
der Topf, ¨-e 	Bringst du mir bitte einen Topf.	
weg·nehmen	*Ich nehme meinen Kindern das Handy weg, wenn sie ihre Hausaufgaben nicht machen.*	

5

anschließend	*Anschließend sehen wir uns den neuen Tatort an.*	
die Erdnuss, ¨-e	*Dazu gibt´s immer Erdnüsse.*	
die Gewohnheit, -en	Ich habe keine feste Gewohnheit.	
das Gläschen, -	*Ich trinke dann immer ein, zwei Gläschen Sekt oder Wein.*	
die Lieblingssendung, -en	Ich habe keine Lieblingssendung.	
die Lieblingsserie, -n	*Haben Sie eine Lieblingsserie?*	
die Sportschau (Sg.)	*Ich sehe jeden Samstag um 18.00 Uhr die Sportschau.*	

6

die Badewanne, -n	Ich nutze mein Handy überall, außer in der Badewanne.	
chatten	*Ich chatte knapp 2 Stunden am Tag mit Freunden.*	
der E-Book-Reader, -	*Nutzen Sie einen E-Book-Reader?*	
das Medienverhalten (Sg.)	Medienverhalten: Welche Medien nutzen Sie am häufigsten?	
das Netzwerk, -e	Ich nutze oft soziale Netzwerke.	

LERNZIELE

die Fernsehgewohnheit, -en	über Fernsehgewohnheiten sprechen: Ich sehe am liebsten Krimis.	
die Medien (Pl.)	Welche Medien nutzen Sie am häufigsten?	
das Objekt, -e	*Stellung der Objekte: Er schenkt sie ihm.*	
die Stellung, -en	Stellung der Objekte: Er schenkt sie ihm.	

MODUL-PLUS LESEMAGAZIN

1

ab·reißen	*In unserer Straße wird ein Haus abgerissen.*	
der/die Ältere, -n	*Stimmt es also, was Ältere sagen?*	

analog	Aber ein paar Dinge mache ich noch analog, z.B. essen.	
an·gucken	Wahrscheinlich, weil ich keine Serien im Internet angucke.	
aufwendig	Puh! Ganz schön aufwendig!	
aus·graben	Ich muss meine alte Kamera wieder ausgraben.	
der Digital Native, -s	Wissenschaftler nennen einen Menschen wie mich Digital Native.	
einzeln-	Ich hatte zwar weniger Konktakte, aber der einzelne Kontakt war länger und intensiver.	
entweder	Ich gehe entweder mit meinem Smartphone oder mit dem PC ins Internet.	
erreichbar (sein)	Schließlich bin ich schon mit Handy zu selten erreichbar.	
das Fazit, -e oder -s	Fazit: Ich hatte zwar weniger Konktakte, aber der einzelne Kontakt war länger und intensiver.	
genervt (sein)	Normalerweise ist sie immer total genervt, wenn ich nebenbei noch SMS schreibe.	
hinterher	Hinterher wird der Brief noch in den Briefkasten geworfen.	
die Hosentasche, -n	Ich fühle das Handy in der Hosentasche vibrieren.	
intensiv	Der einzelne Kontakt war länger und intensiver.	

internetfrei	*Ich werde in Zukunft öfter mal eine internetfreie Woche planen.*	
kommunizieren	*Ich kommuniziere über das Internet.*	
konsumieren	Ich kaufe, konsumiere und kommuniziere über das Internet.	
nebenbei	Normalerweise ist sie immer total genervt, wenn ich nebenbei noch SMS schreibe.	
der Phantomschmerz, -en	*Ich habe „Phantomschmerzen": Ich fühle mein Handy in der Hosentasche vibrieren, obwohl es gar nicht da ist.*	
der Profi, -s	Dieses Mal fühle ich mich wie ein Profi.	
Puh!	*Puh! Ganz schön aufwendig!*	
der Selbstversuch, -e	Ich will es genau wissen und starte einen Selbstversuch.	
das Smartphone, -s	*Ich gehe mit meinem Smartphone ins Internet.*	
süchtig	Stimmt es also, dass das Internet süchtig macht?	
die Telefonzelle, -n	Weil ich keine SMS oder E-Mails verschicken kann, suche ich unterwegs nach öffentlichen Telefonzellen.	
übertrieben (sein)	*Oder sind diese Ängste übertrieben?*	
übrig: übrig haben	Am Nachmittag habe ich plötzlich viel Zeit übrig.	
der Umgang (Sg.)	*Für mich ist der Umgang mit dem Internet ganz normal.*	

vibrieren	*Ich fühle mein Handy in der Hosentasche vibrieren.*
der Wissenschaftler, - / die Wissenschaftlerin, -nen	Wissenschaftler nennen einen wie mich Digital Native.

MODUL-PLUS FILM-STATIONEN

1

(das) Bayern	*Weißwürste sind eine Spezialität aus Bayern.*
die Essiggurke, -n	*Braucht man für Labskaus Essiggurken?*
das Gericht, -e	Es ist ein norddeutsches Gericht.
die Rote Bete, -n	*Rote Bete ist eine Zutat für Labskaus.*
die Salatgurke, -n	*Salatgurken sind keine Essiggurken.*
der Seefahrer, -	Seefahrer haben Labskaus nach Deutschland gebracht.
süddeutsch	Kennst du ein typisch süddeutsches Gericht?
die Weißwurst, ¨-e	*Weißwürste sind eine Spezialität aus Bayern.*
das Würstchen, -	*Braucht man für Labskaus auch Würstchen?*

2

der/die Gazpacho, -s	*In Spanien habe ich Gazpacho gegessen.*
die Gemüsesuppe, -n	Das ist eine kalte Gemüsesuppe.

MODUL-PLUS PROJEKT LANDESKUNDE

1

abwechslungsreich	*Abwechslungsreiches Lernen in kleinen Gruppen*	
der Anfängerkurs, -e	*Die Sprachschule bietet nur Anfängerkurse an.*	
das Angebot, -e	Wir haben für alle Wünsche das passende Angebot.	
attraktiv	*Zahlreiche Ausflüge und ein attraktives Freizeitprogramm*	
die Gastfamilie, -n	Egal ob Hotel, Gastfamilie oder Zimmer – wir haben die passende Unterkunft für Sie.	
das Gelernte (Sg.)	*So können Sie das Gelernte gleich in die Praxis umsetzen.*	
die Methode, -n	Unsere Lehrer arbeiten mit kreativen Methoden.	
die Prüfungsvorbereitung, -en	*Ob Standardsprachkurse oder Kurse zur Prüfungsvorbereitung, wir haben für alle Wünsche das passende Angebot.*	
der Standardsprachkurs, -e	*Ob Standardsprachkurse oder Kurse zur Prüfungsvorbereitung, wir haben für alle Wünsche das passende Angebot.*	

die Umgebung (Sg.)	Bei den Ausflügen lernen Sie Berlin und seine Umgebung kennen.
um·setzen	*So können Sie das Gelernte gleich in die Praxis umsetzen.*

2

ab·laufen	*So läuft der Unterricht ab: …*
die Grammatikübung, -en	*kleine Gruppen, wenig Grammatikübungen, viele Rollenspiele*

MODUL-PLUS AUSKLANG

1

der Einkaufswagen, -	Sogar mein Einkaufswagen ist virtuell.
klicken	Am Ende wird noch mal kurz geklickt.
das Minigehalt, ¨-er	*Für den stressigen Job gibt´s nur ein Minigehalt.*
der Paketdienst, -e	*Meine Arbeit beim Paketdienst wird schlecht bezahlt.*
der Preisvergleich, -e	Preisvergleich. Das geht superleicht.
stressig	*Für den stressigen Job gibt´s nur ein Minigehalt.*
virtuell	*Sogar mein Einkaufswagen ist virtuell.*

Darf ich fragen, ob ...? 16

2

der Anrufer, - / die Anruferin, -nen	Die Anruferin möchte ein Zimmer reservieren.	
der Postbote, -n	*Der Postbote bringt ein Paket.*	
der Zimmerschlüssel, -	Sie wartet auf den Zimmerschlüssel.	

BILDLEXIKON

das Doppelzimmer, -	Möchten Sie ein Einzel- oder ein Doppelzimmer?	
das Einzelzimmer, -	Haben Sie noch ein Einzelzimmer frei?	
der Fitnessraum, ¨e	*Der Fitnessraum ist neben dem Schwimmbad.*	
der Frühstücksraum, ¨e	Gehen Sie am Frühstücksraum vorbei.	
der Kiosk, -e	Können Sie mir sagen, wo der Kiosk ist?	
der Konferenzraum, ¨e	Ich glaube, dass du im Konferenzraum sitzt.	
das Nichtraucherzimmer, -	Haben Sie auch Nichtraucherzimmer?	
der Parkplatz, ¨e	Hat das Hotel einen Parkplatz?	
die Rezeption, -en	Frau Thalau steht an der Rezeption.	

TIPP

Machen Sie sich ein Bild von den Wörtern.
Stellen Sie sich zum Beispiel einen Kiosk vor.
Was gibt es dort alles?

3

der Ärger (Sg.)	Es tut mir leid, wenn Sie Ärger hatten.	
ausgebucht (sein)	*Tut mir leid, wir sind ausgebucht.*	
das Fragewort, ¨-er	Fragen mit Fragewort: Wie lange möchten Sie denn bleiben?	
die Halbpension (Sg.)	Das Zimmer ist mit Halbpension.	
der Strandblick, -e	Er bekommt ein Zimmer mit Strandblick.	

4

der Aufenthalt, -e	Ich wünsche Ihnen einen angenehmen Aufenthalt.	

der/die Hotelangestellte, -n	Der Hotelangestellte sagt: „Wir haben nur noch Doppelzimmer.“	
die Vollpension (Sg.)	*Haben Sie auch Zimmer mit Vollpension?*	
der Zimmerservice (Sg.)	Ich sage dem Zimmerservice Bescheid.	

5

die Keller-Bar	Ist die Sauna gegenüber von der Keller-Bar?	

6

die Glastür, -en	Gehen Sie durch die Glastür.	
die Empfangshalle, -n	Am besten gehen Sie durch die Empfangshalle.	
das Treppenhaus, ¨er	Und dann gehen Sie ins Treppenhaus.	

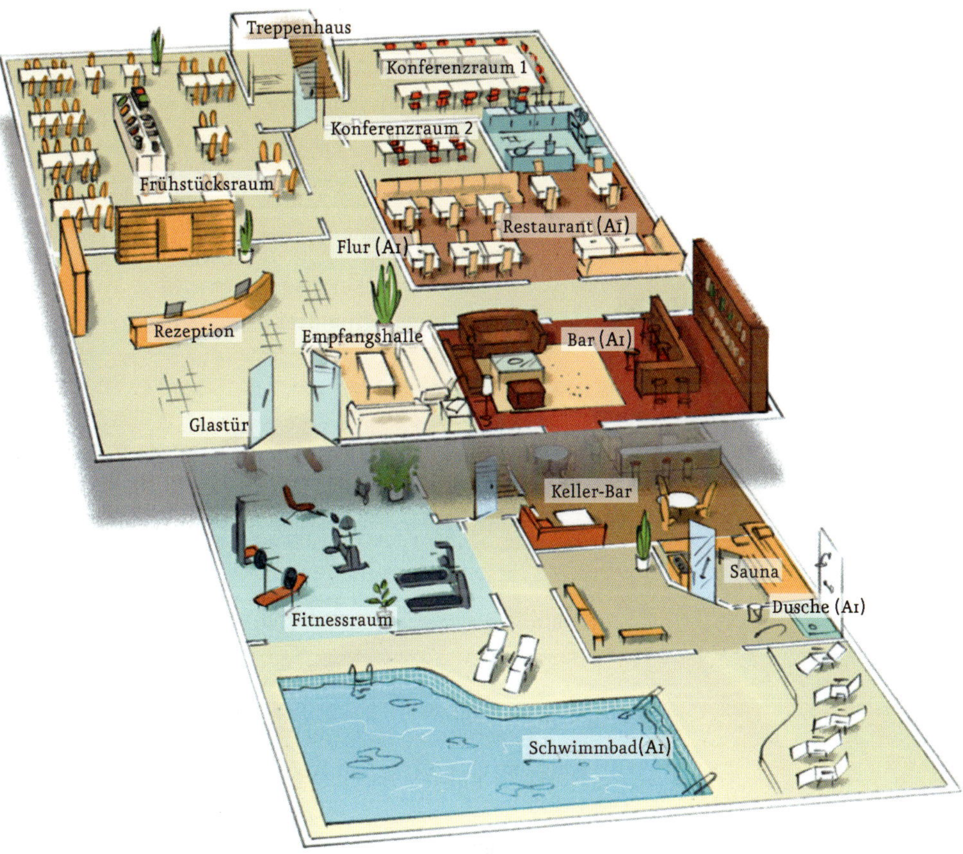
Treppenhaus
Konferenzraum 1
Konferenzraum 2
Frühstücksraum
Restaurant (A1)
Flur (A1)
Rezeption
Empfangshalle
Bar (A1)
Glastür
Keller-Bar
Sauna
Dusche (A1)
Fitnessraum
Schwimmbad(A1)

7

das Kursgebäude, -	Beschreiben Sie einen Weg durch das Kursgebäude.	

LERNZIELE

gegenüber (von)	Die Sauna liegt gegenüber vom Schwimmbad.	

Wir wollen nach Rumänien.

2

der Urlaubsort, -e	Ich verreise gern mit dem Flugzeug, weil ich gern schnell am Urlaubsort bin.	

BILDLEXIKON

die Abfahrt, -en	Gleich nach unserer Abfahrt haben wir eine Reifenpanne.	
die Ankunft, ¨-e	Bei der Ankunft im Hotel sind die beiden oft müde.	
die Autobahn, -en	In Deutschland und Österreich benutzen wir noch viel die Autobahn.	

die Fähre, -n	Mitten in Europa so kleine Fähren!	
die Kfz-Werkstatt, ⸚en	Zum Glück finden wir schnell eine Tankstelle mit Kfz-Werkstatt.	
der Reifen, -	Felix wechselt seinen Reifen.	
die Reifenpanne, -n	Gleich nach unserer Abfahrt haben wir eine Reifenpanne.	
tanken	Ich tanke.	
die Tankstelle, -n	Zum Glück finden wir schnell eine Tankstelle.	

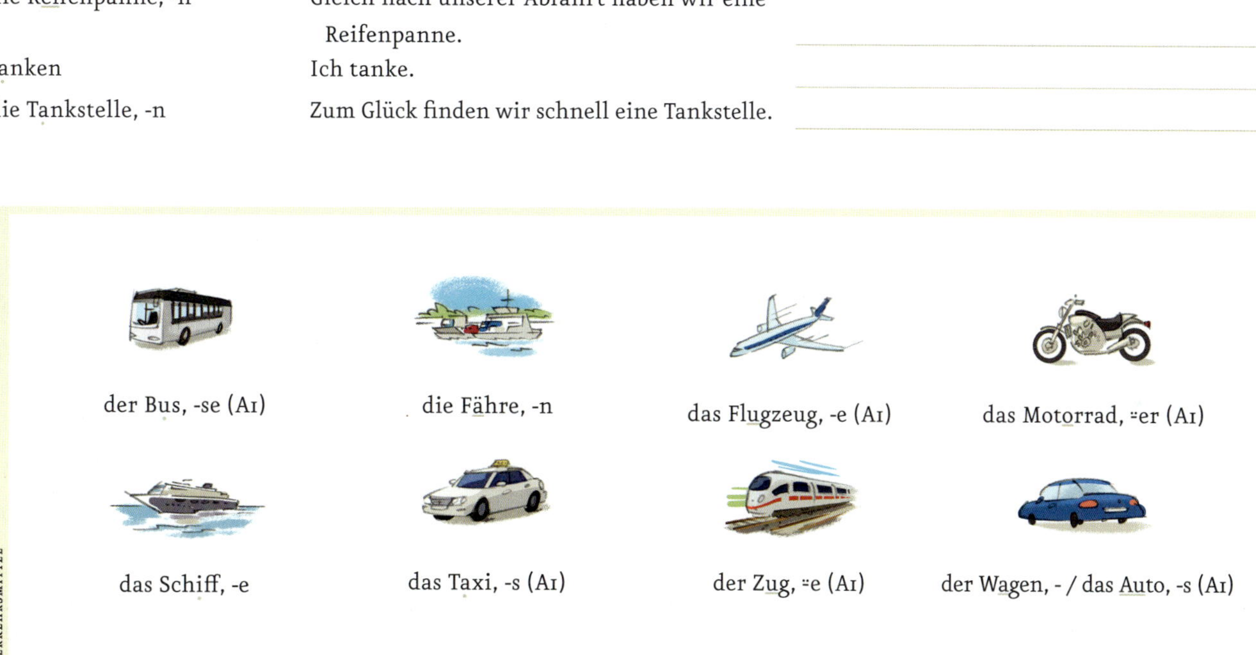

4

der Asphalt (Sg.)	*Nur die großen Straßen haben hier Asphalt.*	
der Auswahlkasten, ¨	*Lösen Sie die Aufgabe ohne Auswahlkasten.*	
die Donau	*Wir überqueren fünfmal die Donau.*	
duschen	Wir duschen und ruhen uns aus.	
das Feld, -er	Auf dem Feld wird noch gearbeitet wie früher.	
der Friedhof, ¨-e	*So sollten unsere Friedhöfe auch aussehen.*	
das Gebirge, -	Ich möchte im Urlaub ins Gebirge.	
der Geldschein, -e	Er hat einen Geldschein bekommen.	
die Grenze, -n	Das Dorf ist ganz in der Nähe der ukrainischen Grenze.	
hinein·passen	*Am Ende passt nur noch ein Motorrad hinein.*	
das Holzkreuz, -e	*Das Dorf hat einen weltberühmten Friedhof mit vielen bunten Holzkreuzen.*	
Hoppla!	*Hoppla! Da liegt Simone plötzlich auf der Seite.*	
die Kassette, -n	*Jemand hat auch Kassetten mit rumänischer Musik angeboten.*	
der/das Kaugummi, - oder -s	*Er hat als Wechselgeld zwei Kaugummis bekommen.*	
keiner	Wenn wir abends sauber zum Essen gehen, erkennt uns keiner wieder.	
die Küste, -n	Ich würde lieber an die Nordseeküste fahren.	

die *Münze*, -n	*Er hat als Wechselgeld eine Münze bekommen.*
niemand	jemand <-> niemand
das Pärchen, -	*Wir sind ein Pärchen aus München.*
das Pferd, -e	*Auf dem Feld wird noch ohne Maschinen gearbeitet, nur mit Pferden.*
romantisch	*Das sieht romantisch aus, ist aber harte Arbeit.*
(das) Rumänien	*Diesmal wollen wir bis ans Schwarze Meer, nach Rumänien.*
das Schwarze Meer	*Felix und Simone wollen mit dem Motorrad ans Schwarze Meer fahren.*
überqueren	Wir überqueren fünfmal die Donau.
ukrainisch	*Das Dorf ist ganz in der Nähe der ukrainischen Grenze.*
vorsichtig	Auf den Straßen in Rumänien muss man vorsichtig fahren.
das Wechselgeld (Sg.)	Und stellt euch vor, was er als Wechselgeld bekommen hat: …!
die *Wüste*, -n	*Ich war noch nie in einer Wüste.*

TIPP

Suchen Sie ein Wort. Bilden Sie aus den Buchstaben einen Satz.

Insel
Im November singt er Lieder.

5

die Sandstraße, -n	*Es gibt noch Sandstraßen in Europa.*
unangenehm	Ist das nicht unangenehm?

6

beschriften	*Sie erhalten vier kleine Zettel und beschriften sie.*
(das) Brasilien	*Wir sind nach Brasilien gefahren.*
der Busfahrer, - / die Busfahrerin, -nen	ein glücklicher Busfahrer
ein·sammeln	*Sammeln Sie die Zettel ein.*
erhalten	Sie erhalten vier kleine Zettel.
die Geschichten-Lotterie, -n	*Geschichten-Lotterie: Ziehen Sie einen Ort, eine Zeit und zwei Personen.*
die Kleingruppe, -n	Arbeiten Sie in Kleingruppen.
die Semesterferien (Pl.)	eine Zeit: z.B. Semesterferien

LERNZIELE

ärgerlich	Das ist wirklich ärgerlich!
kommentieren	*etwas kommentieren: Das ist wirklich ärgerlich!*

die Reisegewohnheit, -en	über Reisegewohnheiten sprechen: Wir fahren immer ans Meer.	
das Reisetagebuch, ¨-er	*Überfliegen Sie das Reisetagebuch.*	

Ich freue mich auf Sonne und Wärme.

2

der Sommertyp, -en	Sind Sie ein Sommer- oder Wintertyp?	
der Wintertyp, -en	Der Wintertyp mag Schnee.	

BILDLEXIKON

feucht	Tiefdruckgebiete bringen feuchte Meeresluft mit vielen Niederschlägen.	
der Frost, ¨-e	*Dauerfrost kommt fast immer mit dem Ostwind zu uns.*	
der Hagel (Sg.)	*Hagel ist typisch an unserem Wohnort.*	
das Hoch, -s	*Aus dem Osten kommen oft Hochdruckgebiete (Hochs).*	
die Kälte (Sg.)	Der Mann freut sich über die Kälte.	

der Niederschlag, ⸚e	*Tiefdruckgebiete bringen feuchte Meeresluft mit vielen Niederschlägen.*	
der Schauer, -	*Im Herbst sind viele Schauer typisch.*	
das Tief, -s	*Tiefdruckgebiete (Tiefs) kommen meist aus dem Westen.*	
trocken	Es ist trocken.	
die Wärme (Sg.)	Ich freue mich auf Sonne, auf Wärme, auf den Sommer.	

TIPP Lernen Sie Nomen und Adjektiv zusammen.

die Hitze – heiß

die Kälte – kalt

3

Quatsch!	Quatsch! Ich habe vom Winter geträumt.	
der Sommertag, -e	Sind Sie zufrieden mit diesem schönen Sommertag?	
träumen (von)	Quatsch! Ich habe vom Winter geträumt.	
der Wintersport (Sg.)	Ich interessiere mich nicht für Wintersport.	

4

darüber	*Über den Schnee! Darüber ärgere ich mich.*
das Gegenteil (Sg.)	Im Gegenteil: Ich ärgere mich darüber.
womit	*Womit sind Sie zufrieden?*
wovon	*Wovon träumst du?*

5

andauernd	*Länger andauernde Kälte kommt fast immer mit dem Ostwind zu uns.*
der Dauerfrost (Sg.)	*Auch Dauerfrost kommt aus dem Osten.*
eisig	*Kälte mit eisigen Temperaturen sind für diese Jahreszeit typisch.*
das Hauptstadtwetter (Sg.)	das Hauptstadtwetter in Bern
die Hitzeperiode, -n	*Hitzeperioden mit 30°C und mehr kommen mit dem Ostwind zu uns.*
das Hochdruckgebiet, -e	*Aus dem Osten kommen stabile Hochdruckgebiete mit Trockenheit.*
die Jahrestemperatur, -en	In welcher Hauptstadt ist die durchschnittliche Jahrestemperatur am niedrigsten?
die Meeresluft (Sg.)	Tiefdruckgebiete bringen feuchte Meeresluft mit vielen Niederschlägen.

18

mittler-	mittlere Temperaturen	
niedrig	Die Temperaturen sind nicht niedriger als 0°C.	
der Ostwind, -e	Der Ostwind bringt stabile Hitzeperioden.	
der Regentropfen, -	Wenn Regentropfen oder Schneeflocken fallen, ist oft Westwind im Spiel.	
die Schneeflocke, -n 	*Wenn Regentropfen oder Schneeflocken fallen, ist oft Westwind im Spiel.*	
stabil	*Der Ostwind bringt stabile Hitzeperioden.*	
das Tiefdruckgebiet, -e	*Tiefdruckgebiete (Tiefs) kommen meist aus dem Westen.*	
die Trockenheit (Sg.)	*Aus dem Osten kommen stabile Hochdruckgebiete mit Trockenheit.*	
der Westwind, -e	Wenn Regentropfen oder Schneeflocken fallen, ist oft Westwind im Spiel.	
die Wetterkarte, -n	Sehen Sie die Wetterkarten an.	

WETTER

die Sonne (A1)

der Hagel

der Nebel (A1)

der Regen (A1)

der Wind (A1)

die Wolke, -n (A1)

der Schnee (A1)

das Gewitter, - (A1)

das Eis

6

stürmisch	*Es ist stürmisch.*
unzufrieden	Womit bist du unzufrieden?

7

der Kontinent, -e	Die anderen raten den Kontinent, das Land und die Stadt.
die Meerjungfrau, -en	*In der Stadt gibt es viele Sehenswürdigkeiten, z.B. die kleine Meerjungfrau.*

LERNZIELE

interessieren (sich)	Ich interessiere mich für Wintersport.	
das Präpositionaladverb, -ien	*Präpositionaladverb: Worauf …?*	

MODUL-PLUS LESEMAGAZIN

1

angenehm	Wir sorgen dafür, dass Ihr Aufenthalt so angenehm wie möglich wird.	
erkunden	*Mit unseren Kreuzfahrtschiffen erkunden Sie traumhafte Städte am Rhein.*	
der Komfort (Sg.)	*Auf unseren Kreuzfahrtschiffen genießen Sie den vollen Komfort.*	
die Kreuzfahrt, -en	*eine Kreuzfahrt entlang des Rheins*	
das Kreuzfahrtschiff, -e	*Mit unseren Kreuzfahrtschiffen erkunden Sie traumhafte Städte am Rhein.*	
kulinarisch	Probieren Sie kulinarische Spezialitäten.	
die Loreley	*Gemeinsam besuchen wir die Loreley.*	
der/die Reisende, -n	*Welche Angebote können die Reisenden nutzen?*	
das Rhein-Gebiet	*Das Rhein-Gebiet ist zu jeder Jahreszeit schön.*	
die Römerstadt, ¨-e	*Der längste Fluss Deutschlands führt vorbei an alten Römerstädten wie Köln und Speyer.*	

traumhaft	*Mit unseren Kreuzfahrtschiffen erkunden Sie traumhafte Städte am Rhein.*	
unvergesslich	*Wir sorgen dafür, dass Ihr Aufenthalt unvergesslich wird.*	
das Weinanbaugebiet, -e	*Wir fahren mitten durch ein typisch deutsches Weinanbaugebiet.*	
der Weinberg, -e	Wir fahren an grünen Weinbergen entlang.	

2

die Flusskreuzfahrt, -en	*Wäre eine Flusskreuzfahrt etwas für Sie?*	

MODUL-PLUS FILM-STATIONEN

1

die Boutique	*Melanie und Lena kaufen in einer Boutique ein.*	
die Einkaufsgewohnheit, -en	*Welche Einkaufsgewohnheiten haben Sie?*	
shoppen	*Ich gehe gern shoppen.*	

2

der Hochzeitstag, -e	Melanie hat ihren ersten Hochzeitstag noch nicht geplant.	
die Pension, -en	Lena ruft bei einer Pension in den Bergen an.	
die Wochenendreise, -n	Ich möchte ihn mit einer Wochenendreise überraschen.	

MODUL-PLUS PROJEKT LANDESKUNDE

1

die Durchschnitts-temperatur, -en	Die Durchschnittstemperaturen liegen im Norden im Sommer bei 17°C.
der Durchschnittswert, -e	Doch das Wetter hält sich oft nicht an die Durchschnittswerte.
die Sommersaison, -s	In den Alpen dauert die Sommersaison vier Monate.
der Wetterrekord, -e	Hier einige Wetterrekorde in der Schweiz: …
die Wetterzone, -n	Die Alpen teilen die Schweiz in zwei Wetterzonen.
die Wintersaison, -s	Die Wintersaison beginnt Mitte Dezember.

2

das Lieblingsland, ¨er	Wie ist das Wetter in Ihrem Lieblingsland?

MODUL-PLUS AUSKLANG

1

das Freizeitland (Sg.)	Da fahren Sie dann nach links bis zum „Freizeitland“.
der Golfplatz, ¨e	Sie fahren jetzt hier am Golfplatz vorbei.

hin: hin sein	Mein Navigator ist hin.	
der Sinn, -e	Das hat keinen Sinn.	
die Sonnencreme, -s	Ich habe Handtuch, Badehose, Sonnencreme.	

Wohin gehen wir heute?

1

die Konzerthalle, -n	Wo ist Sascha? In einer Konzerthalle?	
vor·tragen	*Er trägt ein Gedicht vor.*	

2

ausgezeichnet	Die Schauspieler waren ausgezeichnet.	

TIPP

Sie verstehen ein Wort nicht, zum Beispiel *ausgezeichnet*? Suchen Sie die Bedeutung im einsprachigen Wörterbuch. Notieren Sie Wörter mit gleicher oder ähnlicher Bedeutung.

aus|ge|zeich|net ['ausgətsaiçnət] ‹Adj.›: *sehr gut, hervorragend:* ausgezeichnete Zeugnisse; sie ist eine ausgezeichnete Lehrerin; er spielt ausgezeichnet Geige. *Syn.:* exzellent, klasse (ugs.), prima (ugs.), toll (ugs.), unübertrefflich.

BILDLEXIKON

das Ballett, -e	*Sie gehen ins Ballett.*	
der Fotoworkshop, -s	*Ein Fotoworkshop lohnt sich bestimmt.*	
das Musical, -s	*Ein Musical ist doch wirklich mal etwas Besonderes.*	
die Oper, -n	*Wenn Sie klassische Musik und Theater mögen, ist eine Oper genau das Richtige für Sie.*	
der Poetry Slam, -s	*Für den Poetry Slam im Café Kurt gibt es noch Karten.*	
das Puppentheater, -	Wollen wir zusammen ins Puppentheater gehen?	
der Stadtspaziergang, ¨e	Stadtspaziergang: Berühmte Münchner – wo haben sie gearbeitet und wie haben sie gelebt?	
die Vernissage, -n	*Eine Vernissage? Also, ich weiß nicht.*	
der Zirkus, -se	*Im Zirkus können Sie Clowns und Artisten sehen.*	

KULTURELLE VERANSTALTUNGEN

die Oper, -n

die Lesung, -en

das Ballett, -e

das Musical, -s

die Vernissage, -n

der Poetry Slam, -s

der Zirkus, -se

das Puppentheater, -

das Konzert, -e (A1)

3

an·hören (sich)	*Hört sich ja nicht so toll an …*
die Jury, -s	*Eine Jury stimmt über den besten Text ab.*
das Publikum (Sg.)	Das Publikum stimmt über den besten Text ab.
recht: recht haben	Jana meint, dass Pit recht hat.

5

der Artist, -en / die Artistin, -nen	*Im Zirkus können Sie Clowns und Artisten sehen.*	
der Clown, -s	*Im Zirkus können Sie Clowns und Artisten sehen.*	
eröffnen	Wenn eine Ausstellung eröffnet wird, dann nennt man das eine Vernissage.	
der Aperol Sprizz	*Und zur Einweihung gibt es für jeden einen Aperol Sprizz!*	
ausverkauft (sein)	*Wohin, wenn alles ausverkauft ist?*	
(das) Bayerisch	*Lust auf Italienisch oder Bayerisch?*	
die Einweihung, -en	*Und zur Einweihung gibt es für jeden einen Aperol Sprizz!*	
der Knödel, -	Bei Angelo und Vroni gibt es sowohl Pizza als auch Knödel.	
die Kunsthalle, -n	Kunsthistorikerin Georgia Huber führt heute noch einmal durch die Kunsthalle.	
der Kunsthistoriker, - / die Kunsthistorikerin, -nen	*Kunsthistorikerin Georgia Huber führt heute noch einmal durch die Kunsthalle.*	
die Neueröffnung, -en	*Neueröffnung bei Angelo & Vroni*	
die Partymeile, -n	*Der beliebte Club liegt auf der Partymeile zwischen Stachus und Sendlinger Tor.*	
die Piano-Bar, -s	*Michael Hornstein spielt heute in der Piano-Bar.*	

der Prozess, -e	„Der Prozess“ von Kafka in den Kammerspielen
sowohl … als auch	Bei Angelo und Vroni gibt es sowohl Pizza als auch Knödel.
der Themen-Spaziergang, ¨-e	Ein Themen-Spaziergang: Berühmte Münchner – wo haben sie gearbeitet und wie haben sie gelebt?
verlängern	Verlängert: Kunsthistorikerin Georgia Huber führt heute noch einmal durch die Kunsthalle.
verpassen	Das sollten Sie auf keinen Fall verpassen!
die Vorstellung, -en	Heute ist die letzte Vorstellung von Franz Kafkas „Der Prozess“.

6

hin·gehen	*Lass uns da hingehen.*
kostenlos	Der Eintritt ist kostenlos.
lohnen (sich)	Das lohnt sich bestimmt.
neugierig	Bist du denn gar nicht neugierig?
probieren	Probier das doch mal.
unternehmen (etwas)	Sie möchten etwas unternehmen.
wahr	Das ist wahr.
weg·gehen	Wollen wir zusammen weggehen?

LERNZIELE

begeistern	*jemanden begeistern/überzeugen: Glaub mir. Das ist mal etwas anderes.*	
überzeugen	jemanden begeistern/überzeugen: Glaub mir. Das ist mal etwas anderes.	
zögern	*auf Vorschläge zögernd reagieren: Und das ist gut?*	

Ich durfte eigentlich keine Comics lesen.

1

der Leseort, -e	Leseorte: Wo lesen Sie?	
der Lieblingssessel, -	Ich lese am liebsten zu Hause in meinem Lieblingssessel.	

BILDLEXIKON

das Bilderbuch, ¨er	Als ich noch nicht selber lesen konnte, habe ich mir gern Bilderbücher angeschaut.	
das Hörbuch, ¨er	Mein Vater hat mir ein Hörbuch gekauft.	

das Kinderbuch, ¨-er	Eines ihrer besten Kinderbücher ist der „Gurkenkönig“.
das Märchen, -	Janosch hat die alten Märchen verändert.
das Sachbuch, ¨-er	*Ich habe sogar Sachbücher gelesen.*

der Comic, -s

der Roman, -e

der Krimi, -s

die Zeitung, -en

die Zeitschrift, -en

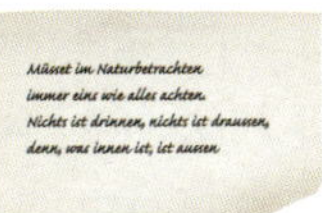

das Gedicht, -e

das Sachbuch, ¨-er

der Ratgeber, -

das Märchen, -

das Hörbuch, ¨-er

das Kinderbuch, ¨-er

das Bilderbuch, ¨-er

3

der/das Asterix-Comic, -s	Am liebsten habe ich Asterix-Comics gelesen.	
das Asterixheft, -e	Erst Jahre später hat meine Mutter auch mal ein Asterixheft gelesen.	
der Band, ¨-e	Am besten ist der 16. Band der Comic-Reihe.	
bedienen	Er lässt sich bedienen.	
der Befehl, -e	Er gibt dauernd Befehle.	
die Bettdecke, -n	Ich habe heimlich unter der Bettdecke gelesen.	
die Comic-Reihe, -n	Am besten ist der 16. Band der Comic-Reihe.	
elektrisch	Zum Beispiel gibt es bei Janosch ein elektrisches Rotkäppchen.	
entkommen	Mit meinen Büchern wollte ich dem langweiligen Schulalltag entkommen.	
der Geißenpeter	Natürlich war ich in den „Geißenpeter“ verliebt.	
der Gurkenkönig, -e	Eines ihrer besten Kinderbücher ist der „Gurkenkönig“.	
heimlich	Ich habe heimlich unter der Bettdecke gelesen.	
das Kartoffelwesen, -	Der Gurkenkönig ist ein seltsames Kartoffelwesen.	
der Kessel, -	„Bringt den Kessel mit dem geschmolzenen Käse!“	
die Kindheit (Sg.)	Fast jeder hat mindestens ein Kinderbuch, das ihn durch die Kindheit begleitet hat.	

die Kurzgeschichte, -n	Ich habe eigentlich alles gelesen. Gedichte, Kurzgeschichten und die Zeitung von meinem Vater.	
(das) Latein	*Sogar Latein hat mir plötzlich Spaß gemacht.*	
das Mädchenbuch, ¨-er	Typische Mädchenbücher über Liebe oder Pferde mochte ich gar nicht.	
das Märchenbuch, ¨-er	Mein Lieblingsbuch war das Märchenbuch von Janosch.	
österreichisch	Sie ist eine österreichische Autorin.	
das Rotkäppchen	*Das elektronische Rotkäppchen ist total lustig.*	
schmelzen	*„Bringt den Kessel mit dem geschmolzenen Käse!“*	
der Schulalltag (Sg.)	Mit meinen Büchern wollte ich dem langweiligen Schulalltag entkommen.	
das Schulbuch, ¨-er	Nur Schulbücher habe ich nicht gern gelesen.	
der Schweizer, - / die Schweizerin, -nen	„Asterix bei den Schweizern“ ist der beste Asterix-Comic.	
die Taschenlampe, -n	Ich habe mit einer Taschenlampe unter der Bettdecke gelesen.	
der Teddy, -s	*Fast jeder hat ein Kinderbuch, das ihn durch die Kindheit begleitet hat, wie der geliebte Teddy.*	
verfilmen	*„Heidi“ wurde später oft verfilmt.*	

wegen	Wegen Heidi gehe ich noch heute gern in die Berge.	
zitieren	*Noch heute wird bei jedem Käsefondue daraus zitiert.*	
zu·geben	*Sie musste zugeben, dass das auch Literatur ist.*	
das Fantasiewesen, -	*Gut gefallen mir fantastische Geschichten mit* Fantasiewesen.	
fantastisch	*Gut gefallen mir fantastische Geschichten mit* Fantasiewesen.	

4

beeilen (sich)	Musstest du dich morgens immer beeilen?	

6

(das) Alzheimer	*Man erfährt viel über die Krankheit Alzheimer.*	
der Buchtipp, -s	Lesen Sie die Buchtipps der anderen Teilnehmer.	
die Empfehlung, -en	*Schreiben Sie nun eine Empfehlung.*	
die Hauptrolle, -n	Gérard Depardieu spielt die Hauptrolle.	

TIPP

Suchen und notieren Sie jeden Tag Ihre persönliche Vokabel des Tages.

Datum	Wort des Tages	Wo gefunden?	Beispiel
11.12	Profi	Krimi	„Man muss kein Profi sein, aber ..."
12.12	ehrlich	Zeitung	„Aber ehrlich gesagt, wer hat ..."

LERNZIELE

das Desinteresse (Sg.) — *Desinteresse ausdrücken: Das interessiert mich überhaupt nicht.*

die Presse (Sg.) — das Wortfeld „Presse und Bücher"

Ja genau, den meine ich. 21

1

der Autounfall, ¨-e	Vielleicht hatte er einen Autounfall.
der Einbruch, ¨-e	*Vielleicht hat es einen Einbruch gegeben.*
die Feuerwehr, -en	Vielleicht ruft er die Feuerwehr an.
die Versicherung, -en	Oder er ruft bei seiner Versicherung an.

2

auf·brechen	*Jemand hat unser Auto aufgebrochen.*

BILDLEXIKON

der Ausweis, -e	Haben Sie Ihren Ausweis dabei?
das Bargeld (Sg.)	Wie viel Bargeld haben Sie dabei?
die EC-Karte, -n	*Sind EC- oder Kreditkarten weg?*
die Gesundheitskarte, -n	Ich habe meine Gesunheitskarte nie dabei.
die Kundenkarte, -n	Hast du viele Kundenkarten?
die Telefonkarte, -n	Heute braucht man keine Telefonkarten mehr, oder?

TIPP

Suchen Sie lange Wörter. Welche Wörter sind darin versteckt?
Gesundheitskarte: ein, Eis, Seite ...

4

ab·sperren	Er hat das Auto abgesperrt.	
die Autoscheibe, -n	*Der Mann hat die Autoscheibe eingeschlagen.*	
bar	In dem Geldbeutel waren 240 Euro in bar.	
ein·schlagen	*Der Mann hat die Autoscheibe eingeschlagen.*	
der Geldbeutel, -	*= die Geldbörse*	
das Gesicht, -er	Er hatte ein schmales Gesicht.	
der Gesprächsausschnitt, -e	*Lesen Sie den Gesprächsausschnitt.*	
der Hammer, ¨	Er hat einen Mann mit einem Hammer gesehen.	
der Polizist, -en / die Polizistin, -nen	Zum Schluss zeigt die Polizistin ihm ein paar Fotos.	
schmal	Er hatte ein schmales Gesicht.	
stehlen	Was hat der Täter gestohlen?	
der Täter, - / die Täterin, -nen	Hat Herr Abelein den Täter gesehen?	
weg·laufen	*Er ist weggelaufen.*	

das Bargeld (Sg.)

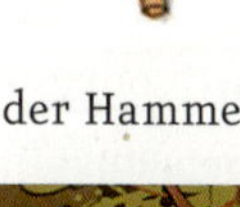
der Hammer, ¨

das Schloss, ¨er

der Täter, - / der Einbrecher, -

der Schmuck (Sg.)

der Zeuge, -n

der Polizist, -en / die Polizistin, -nen

das Alibi, -s	Ich habe ein Alibi.	
die Befragung, -en	Lesen Sie die Befragung.	
ein·brechen	Am Samstag um 16 Uhr hat jemand bei Familie Müller eingebrochen.	
der/die Verdächtige, -n	Die Polizei befragt einen Verdächtigen.	
voneinander	Befragen Sie nun Person A und B getrennt voneinander.	
widersprechen (sich)	Haben die beiden ein gutes Alibi oder widersprechen sie sich?	
der Zeuge, -n / die Zeugin, -nen	Gibt es dafür Zeugen?	

6

an·fassen	Fassen Sie nichts an!	
ein·bauen	*Lassen Sie ein Sicherheitsschloss in Ihre Wohnungstür einbauen.*	
der Einbrecher, - / die Einbrecherin, -nen	*Wie Sie Einbrechern das Leben schwer machen können: …*	
die Erdgeschosswohnung, -en	Lassen Sie in Erdgeschosswohnungen alle Fenster sichern.	
der Fingerabdruck, ⸚e	*Vielleicht gibt es Fingerabdrücke von den Tätern.*	
die Fußmatte, -en	*Legen Sie Ihren Wohnungsschlüssel nie unter die Fußmatte.*	
das Sicherheitsschloss, ⸚er	Meine Fenster haben ein Sicherheitsschloss.	
sichern	Lassen Sie in Erdgeschosswohnungen alle Fenster sichern.	
sperren	*Lassen Sie die EC-Karte sofort sperren.*	
der Wertgegenstand, ⸚e	Ich habe eine Liste mit Wertgegenständen.	
der Wohnungsschlüssel, -	Legen Sie Ihren Wohnungsschlüssel nie unter die Fußmatte.	
die Wohnungstür, -en	Lassen Sie ein Sicherheitsschloss in Ihre Wohnungstür einbauen.	

7

ändern	Meinen Anzug muss ich ändern lassen.	
ängstlich	Bei Strom bin ich ängstlich.	
der Anzug, ¨-e	Änderst du deinen Anzug selbst?	
das Computerprogramm, -e	Computerprogramme lasse ich von einem Freund installieren.	
die Glühbirne, -n	Wechselst du Glühbirnen selbst?	
nähen	Ich kann gar nicht nähen.	

8

der Babysitter, -	*Ich suche einen Babysitter.*	
die Tausch-Börse, -n	*Machen Sie eine Tausch-Börse.*	
der Tauschpartner, -	*Wer findet in fünf Minuten die meisten Tauschpartner?*	

LERNZIELE

die Beschreibung, -en	*um eine Beschreibung bitten: Wo waren Sie?*	
das Demonstrativpronomen, -	*Demonstrativpronomen: dies-, der, das, die*	
das Dokument, -e	Welche Dokumente haben Sie dabei?	
der Frageartikel, -	*Frageartikel: welch-*	

1

die Action (Sg.)	In einem James Bond steckt einfach alles drin: Humor, Action und Spannung.	
der Actionfilm, -e	Meine Freundin mag Actionfilme nicht so gern.	
albern	Das finde ich albern.	
aus·wählen	Als wir das letzte Mal im Kino waren, durfte ich den Film auswählen.	
beschließen	Ich habe spontan beschlossen: Da gehe ich hin.	
das Filmmagazin, -e	Wir vom Filmmagazin Zelluloid wollen es genau wissen.	
herum·ballern	Es wird einfach zu viel herumgeballert.	
der Humor (Sg.)	In einem James Bond steckt einfach alles drin: Humor, Action und Spannung.	
der James-Bond-Fan, -s	Ich bin nämlich ein großer James-Bond-Fan.	
der James-Bond-Film, -e	Die James-Bond-Filme verbinden Generationen.	
der Kinobesuch, -e	Der Kinobesuch hat sich zum Glück gelohnt.	
die Spannung, -en	In einem James Bond steckt einfach alles drin: Humor, Action und Spannung.	
spontan	Ich habe spontan beschlossen: Da gehe ich hin.	
ständig	Ständig fliegt ein Auto durch die Luft.	

tragisch	Christian musste mit mir in einen Liebesfilm mit tragischem Ende gehen.	
überleben	Was dieser James Bond alles überlebt!	

MODUL-PLUS FILM-STATIONEN

2

die Abschlussarbeit, -en	Seine Abschlussarbeit war ein Schrank.	
der Versicherungsberater, - / die Versicherungsberaterin, -nen	Christian ist Versicherungsberater von Beruf.	

3

die Autofahrt, -en	Christian erzählt von einer wunderschönen Autofahrt.	
der Besitzer, - / die Besitzerin, -nen	Woher kam der Besitzer?	
die Radtour, -en	Erzählt Christian von einer wunderschönen Radtour?	

MODUL-PLUS PROJEKT LANDESKUNDE

1

ehrenamtlich	Ehrenamtlich bedeutet: Man bekommt für seine Arbeit kein Geld.	

die Konzentration (Sg.)	*Vorlesen ist gut für die Konzentration.*	
die Kreativität (Sg.)	*Es fördert die Sprachentwicklung und die Kreativität.*	
die Sprachentwicklung, -en	*Es fördert die Sprachentwicklung und die Kreativität.*	
die Vorlese-Initiative, -n	*Vorlese-Initiativen möchten etwas dagegen unternehmen, dass Kinder ohne Bücher aufwachsen.*	
der Vorlese-Nachmittag, -e	*Der Eintritt zu den Vorlese-Nachmittagen ist natürlich frei.*	
der Vorleser, - / die Vorleserin, -nen	*Mehr als 70 ehrenamtliche Vorleser und Vorleserinnen arbeiten für den Verein.*	
wöchentlich	*Der Verein organisiert wöchentliche Vorlese-Nachmittage.*	

Seit ich meinen Wagen verkauft habe, ...

BILDLEXIKON

an·klicken	Zuerst müssen Sie „Auskunft und Buchung" anklicken.	
die Anmeldung, -en	Drucken Sie die Anmeldung aus.	
aus·drucken	*Zweimal den Vertrag ausdrucken.*	

22

der Benutzername, -n	*Geben Sie Ihren Benutzernamen ein.*	
ein·loggen	*Sich mit Ihren Zugangsdaten bei MC einloggen.*	
das Passwort, ¨-er	Dann müssen Sie Ihr Passwort eingeben.	
das Sonderzeichen, -	*Wo finde ich das Sonderzeichen?*	

AM COMPUTER

(sich) an·melden (A1)

an·klicken

ein·loggen

der Benutzername, -n

das Passwort, ¨-er

aus·füllen (A1)

aus·drucken

2

außerhalb	Die Freundin wohnt etwas außerhalb.	
das Carsharing (Sg.)	*Carsharing wird immer beliebter.*	
der Carsharing-Nutzer, -	*Wir haben Carsharing-Nutzer gefragt: Warum brauchen Sie kein eigenes Auto?*	

erreichen	Man kann die Freundin mit öffentlichen Verkehrsmitteln nicht gut erreichen.	
der Firmenberater, - / die Firmenberaterin, -nen	*Ich bin sehr viel unterwegs, seitdem ich als Firmenberaterin arbeite.*	
die Geschäftsleute (Pl.)	Es dauert nicht mehr lange, bis die meisten Geschäftsleute so reisen.	
höchstens	Carsharing lohnt sich, wenn man höchstens 5000 Kilometer pro Jahr fährt.	
die Kfz-Steuer, -n	Man kann ohne Auto Geld sparen, weil man keine Kfz-Steuer bezahlen muss.	
der Podcast, -s	*Welcher Podcast passt?*	
preiswert	Die Person reist preiswert und umweltfreundlich.	
der Radiomoderator, -en	*Welche Aussage passt zum Radiomoderator?*	
die Radiosendung, -en	Hören Sie den Anfang der Radiosendung.	
der Stadtrand (Sg.)	*Seit meine Freundin am Stadtrand wohnt, fahre ich mit dem Auto zu ihr.*	
teilen	Carsharing bedeutet: Man besitzt kein eigenes Auto, man teilt eines mit anderen.	
umweltfreundlich	Die Person reist preiswert und umweltfreundlich.	

TIPP Schreiben Sie schwierige Wörter oft auf und sprechen Sie sie laut.

3

die Allergie, -n	*Ich hatte viele Allergien.*	
der Stau, -s	Ich habe morgens immer eine Stunde im Stau gestanden.	
der Vegetarier, - / die Vegetarierin, -nen	*Bis ich Vegetarierin geworden bin, habe ich viel Fleisch gegessen.*	
zu·nehmen	Seitdem ich das Rauchen aufgehört habe, habe ich fünf Kilo zugenommen.	

4

die Chipkarte, -n	Öffnen Sie das Fahrzeug mit Ihrer Chipkarte.	
die Filiale, -n	*Sie müssen einmal mit dem Vertrag zur Filiale kommen.*	
der Vertrag, ⸚e	Sie müssen einmal mit dem Vertrag zur Filiale kommen.	
die Zugangsdaten (Pl.)	Loggen Sie sich mit Ihren Zugangsdaten ein.	
zurück·bringen	Zuletzt müssen Sie das Fahrzeug zurückbringen.	

5

bestätigen	Danach müssen Sie die Reservierung bestätigen.	
ein·geben	*Geben Sie den Benutzernamen und das Passwort ein.*	

6

der Einkauf, ⸚e	Welche Verkehrsmittel benutzt du für Einkäufe?	
das Mofa, -s	*Das mache ich mit dem Fahrrad oder mit dem Mofa.*	

LERNZIELE

erklären	etwas erklären: Das ist ganz einfach.	
die Online-Anmeldung, -en	*Online-Anmeldung: Melden Sie sich online bei MC an.*	
seitdem	*Seit(dem) ich meinen Wagen verkauft habe, muss ich mich um nichts mehr kümmern.*	

23 Der Beruf, der zu mir passt.

1

die Gartenarbeit, -en	Vielleicht ist Gartenarbeit sein Hobby.

BILDLEXIKON

die Bewerbung, -en	Wo ist die Bewerbung, die vorgestern mit der Post gekommen ist?
mündlich	Die mündlichen Prüfungen sind im Juni.
der Lebenslauf, ¨-e	*Wo ist der Lebenslauf?*
die Lehre, -n	Er hat eine Lehre als Elektroinstallateur begonnen.
die Note, -n	In dieser Schule bekommt Ihr Kind keine Noten.
der Schulabschluss, ¨-e	*Welchen Schulabschluss hast du?*
das Zeugnis, -se	Bist du zufrieden mit deinem Zeugnis?

TIPP
Wörter mit „-ung“ haben immer den Artikel „die“.
Welche Wörter kennen Sie noch?

die Bewerbung

3

das Abitur (Sg.)	Nach dem Abitur hat er ein Medizinstudium angefangen.	
die Berufswahl (Sg.)	Das Buch soll jungen Menschen bei der Berufswahl helfen.	
das Jurastudium (Sg.)	*Auch das Jurastudium war „nicht sein Ding".*	
der Landschaftsgärtner, - / die Landschaftsgärtnerin, -nen	*Er ist nun seit vielen Jahren ein zufriedener Landschaftsgärtner.*	
das Medizinstudium (Sg.)	Nach dem Abitur hat er ein Medizinstudium angefangen.	
der Schreiner, - / die Schreinerin, -nen	*Er trifft einen Mann, der schon 40 Jahre als Schreiner arbeitet.*	

BERUFE

der Arzt, ¨-e (A1)

der Architekt, -en (A1)

der Elektroinstallateur, -e

der Gärtner, -

der Ingenieur, -e (A1)

der Schreiner, -

der Verkäufer, - (A1)

4

die Buchhaltung (Sg.)	*Frau Aigner ist die Kollegin aus der Buchhaltung.*	
kündigen	Sie hat vorgestern gekündigt.	
die Kündigung, -en	Er hat letzte Woche seine Kündigung bekommen.	
neulich	Wir haben sie neulich auf dem Parkplatz gesehen.	
der Praktikant, -en / die Praktikantin, -nen	Die beiden neuen Praktikanten kommen nächste Woche.	
der Verkauf, ¨-e	Sie kommen zu uns in den Verkauf.	
die Weihnachtsfeier, -n	Du hast sie auf der Weihnachtsfeier kennengelernt.	

5

das Einkommen, -	Mit meinem Einkommen bin ich sehr zufrieden.	
vor·haben	Ich möchte mehr verdienen. Das habe ich fest vor.	

6

das Berufskolleg (Sg.)	*Das Berufskolleg ist eine Berufsschule.*	
die Berufsschule, -n	Ich mache gerade eine Ausbildung als Elektroinstallateur und gehe auf die Berufsschule.	
das Bundesland, ¨-er	In Deutschland hat jedes Bundesland ein eigenes Schulsystem.	

die Fachhochschule, -n	Für die Fachhochschule braucht man (Fach-) Abitur.	
die Fachoberschule, -n	*Nach der Realschule kann man auf die Fachoberschule gehen.*	
die Gesamtschule, -n	In einer Gesamtschule kann man verschiedene Schulabschlüsse machen.	
die Grafik, -en	Sehen Sie die Grafik an.	
die Grundschule, -n	Am besten haben mir die ersten vier Schuljahre in der Grundschule gefallen.	
das Gymnasium, -ien	Ich möchte das Abitur machen. Deshalb gehe ich aufs Gymnasium.	
die Hauptschule, -n	Die Hauptschule heißt in manchen Bundesländern Mittelschule.	
die Krippe, -n	*Die Krippe ist für Kinder zwischen 0 und 3 Jahren.*	
die Mittelschule, -n	*Im Bundesland Bayern heißen Hauptschulen jetzt Mittelschulen.*	
die Oberschule, -n	*In die Oberschule gehen Jugendliche.*	
die Realschule, -n	Nach der Realschule kann man eine Lehre machen oder auf die Fachoberschule gehen.	
das Schema, -s oder -ta	*Sehen Sie das Schema an.*	
das Schulsystem, -e	In Deutschland hat jedes Bundesland ein eigenes Schulsystem.	
der Schultyp, -en	Welcher Schultyp passt zu ihr?	
die Sekundarschule, -n	*= Gesamtschule*	

24

LERNZIELE

der Klappentext, -e	*Lesen Sie den Klappentext.*	
das Relativpronomen, -	*Relativpronomen: der, das, die …*	
der Relativsatz, ¨-e	*Relativsatz: Das ist das Buch, das mein Sohn gelesen hat.*	
die Unzufriedenheit (Sg.)	Unzufriedenheit ausdrücken: Ich bin sehr unzufrieden damit.	
die Zufriedenheit (Sg.)	Zufriedenheit ausdrücken: Mein Beruf macht mir großen Spaß.	

Wie sah dein Alltag aus?

BILDLEXIKON

der Abflug, ¨-e	Ich habe mein Visum kurz vor meinem Abflug bekommen.	
der Anschluss, ¨-e	Es ist ärgerlich, wenn man den Anschluss verpasst.	
die Impfung, -en	Vom Arzt habe ich ein paar Impfungen bekommen.	

das Konsulat, -e	Sie können das Visum beim Konsulat beantragen.	
das Visum, Visa/Visen	Ich habe mein Visum kurz vor meinem Abflug bekommen.	
der Zoll, ⸚e	Kaufen Sie nicht zu viel, sonst bekommen Sie am Zoll Probleme.	

der Abflug, ⸚e

die Ankunft, ⸚e

der Anschluss, ⸚e

die Grenze, -n

die Impfung, -en

das Konsulat, -e

der Pass, ⸚e

das Visum, Visa/Visen

der Zoll, ⸚e

REISEN

3

beantragen	Sie können das Visum beim Konsulat beantragen.	
die Kontrolle, -n	An der Grenze gibt es oft Kontrollen.	

4

all	Der Kontakt zu all den Frauen war wunderschön.	
aus·fallen	*Das Mittagessen musste leider oft ausfallen.*	
die Büroarbeit, -en	Nach einem kleinen Frühstück habe ich die Büroarbeit gemacht.	
die Erinnerung, -en	Was sind die schönsten Erinnerungen an deine Arbeit?	
freiberuflich	*Ich habe als freiberufliche Hebamme gearbeitet.*	
die Geburt, -en	Jede Geburt war ein tolles Erlebnis.	
gültig	Mein Pass war nicht mehr gültig.	
die Hebamme, -n	*Patricia Günther ist Hebamme.*	
die Komplikation, -en	*Oft gab es eine Geburt mit Komplikationen.*	
leiten	Ich sollte ein Team leiten.	
national	Manchmal haben wir mit den nationalen und den internationalen Kollegen Volleyball gespielt.	

(das) Nigeria	*Im Januar fliege ich nach Nigeria.*
der Pass, ¨-e	Mein Pass war nicht mehr gültig.
der Sudan	*Sie war sechs Monate lang für Ärzte ohne Grenzen im Sudan.*
die Vorbereitung, -en	*Waren die Vorbereitungen kompliziert?*
weiter·empfehlen	Würdest du so ein Projekt weiterempfehlen?
die Zwillingsgeburt, -en	*Oft gab es eine Zwillingsgeburt.*

5

das Austauschprogramm, -e	*Er war mit dem Austauschprogramm Erasmus dort.*
(das) Erasmus(-programm)	*Er war mit dem Austauschprogramm Erasmus dort.*
der Mitschüler, - / die Mitschülerin, -nen	*Abends hat sie ihre Mitschüler getroffen.*
die Organisation, -en	Mit welcher Organisation kam er dorthin?
die Präteritumform, -en	*Ergänzen Sie die Tabelle mit den Präteritumformen.*
der Schüleraustausch (Sg.)	*Sie hat einen Schüleraustausch gemacht.*
der Sportverein, -e	Danach hat sie im Sportverein trainiert.
die Sprachreise, -n	Sie war mit *Lingua Sprachreisen* dort.
das Studentenwohnheim, -e	*Es war sehr laut im Studentenwohnheim.*
die Verspätung, -en	Der Bus hatte oft Verspätung.
das Wohnheim, -e	*Die Küche im Wohnheim war nicht sehr sauber.*

6

der Auslandsaufenthalt, -e	Welche Erfahrungen haben Sie mit Auslandsaufenthalten?
der Erfahrungsbericht, -e	Schreiben Sie einen Erfahrungsbericht.
erfinden	Wollen Sie einen Bericht erfinden?

7

die Amtssprache, -n	Welches Land hat die meisten Amtssprachen?
das Kaffeehaus, ⸚er	Welches Land ist für seine Kaffeehäuser bekannt?
das Nationalgericht, -e	Was ist das bekannteste Schweizer Nationalgericht?

LERNZIELE

die Begeisterung (Sg.)	*Begeisterung ausdrücken: Das war ein tolles Jahr.*
die Enttäuschung, -en	*Enttäuschung ausdrücken: Es war keine schöne Zeit.*
das Erlebnis, -se	*Das war ein Jahr mit vielen schönen Erlebnissen.*
das Mitarbeiterporträt, -s	*Überfliegen Sie das Mitarbeiterporträt.*
die Mobilität (Sg.)	Wortfeld Mobilität: Patricia Günther war sechs Monate lang im Sudan.

TIPP

Welche Wörter aus früheren Lektionen kennen Sie schon zum Thema „Reisen“? Sammeln Sie bekannte Wörter und schreiben Sie einen kurzen Text.

Insel – Strand – besichtigen – Pass

Letztes Jahr waren wir auf Rügen, das ist die größte deutsche **Insel**. Die weißen **Sandstrände** ...

MODUL-PLUS LESEMAGAZIN

1

der Assistenzarzt, ⸚e / die Assistenzärztin, -nen	*Dort bekam ich eine Stelle als Assistenzarzt.*	
das Auslandssemester, -	Gemeinsam verbringen sie ein Auslandssemester in Australien.	
(das) Australien	*Gemeinsam verbringen sie ein Auslandssemester in Australien.*	
begeistert	*Anfangs war ich nicht begeistert.*	
bereits	*Drei Umzüge hat Kai Ebel bereits hinter sich.*	

der Betreuungsplatz, ⸚e	*Er hat Betreuungsplätze für die Kinder gefunden.*	
die Chefarztstelle, -n	*Diese Chefarztstelle in der Schweiz reizt ihn schon.*	
das Einfamilienhaus, ⸚er	*Familie Ebel wohnt in einem hübschen Einfamilienhaus.*	
ein·stellen (sich)	Stellen Sie sich auf unruhige Wanderjahre ein.	
der Facharzt, ⸚e / die Fachärztin, -nen	Er hatte eine Stelle als Facharzt.	
die Facharztstelle, -n	Ein Krankenhaus bot mir eine Facharztstelle an.	
die Flexibilität (Sg.)	*Der Beruf verlangt viel Flexibilität.*	
gefragt (sein)	*Zum Glück sind Physiotherapeuten sehr gefragt.*	
gründen	Dreimal ist er schon umgezogen, als er eine Familie gründet.	
immerhin	*Immerhin drei Jahre verbringt die Familie in Kassel.*	
der Kindergartenplatz, ⸚e	Bis wir einen Kindergarten- und einen Krippenplatz hatten, zog es mich schon weiter.	
der Krippenplatz, ⸚e	*Bis wir einen Kindergarten- und einen Krippenplatz hatten, zog es mich schon weiter.*	
die Oberarztstelle, -n	*Erst als Herr Ebel von einer freien Oberarztstelle erfährt, bewirbt er sich wieder.*	
obwohl	Obwohl – diese Chefarztstelle reizt ihn schon.	

der Physiotherapeut, -en / die Physiotherapeutin, -nen	*Seine spätere Frau macht eine Ausbildung zur Physiotherapeutin.*
sorgenfrei	*Sie träumen von einem sorgenfreien Leben mit Familie?*
der Traumberuf, -e	Arzt – ein Traumberuf?
unruhig	Stellen Sie sich auf unruhige Wanderjahre ein.
unter·bringen	*Erst wenn die Kinder untergebracht waren, konnte ich selbst Arbeit suchen.*
der Verdienst, -e	*Auch wenn der Verdienst besser war – anfangs war ich nicht begeistert.*
verlangen	Der Beruf verlangt viel Flexibilität.
vorne: von vorne	Ich musste ja auch jedes Mal wieder von vorne anfangen.
das Wanderjahr, -e	*Stellen Sie sich auf unruhige Wanderjahre ein.*

MODUL-PLUS FILM-STATIONEN

1

der EC-Automat, -en	*Der EC-Automat ist kaputt.*

2

der Kredit, -e	Er hilft mit einem Kredit.

MODUL-PLUS PROJEKT LANDESKUNDE

1

die Jobvermittlung, -en	Die Organisatoren helfen bei der Jobvermittlung.	
die Küchenhilfe, -n	Möchten Sie als Küchenhilfe in die USA?	
(das) Neuseeland	*Sie möchten als Kellner nach Neuseeland.*	
nötig	Das ist eine günstige Variante, weil man sich das nötige Geld durch Jobben verdienen kann.	
die Olivenernte, -n	*Oder zur Olivenernte nach Italien?*	
teil·nehmen	Teilnehmen kann jeder zwischen 18 und 30 Jahren.	
die Weinlese, -n	*Zur Weinlese nach Deutschland?*	
das Work & Travel-Programm, -e	*Work & Travel-Programme sind bei jungen Erwachsenen beliebt.*	

2

die/das Au-pair, -s	*Ich möchte gern als Au-pair ein Jahr ins Ausland.*	
die Broschüre, -n	Machen Sie eine Broschüre im Kurs.	
die Freiwilligenarbeit (Sg.)	Ich suche eine Organisation für Freiwilligenarbeit.	
die Reiseform, -en	Suchen Sie eine Organisation, die diese Reiseform anbietet.	

MODUL-PLUS AUSKLANG

1

der Gedanke, -n	Gedanken, die man denkt.	
der Kuss, ¨-e	Küsse, die man gibt.	
riechen	Die Bäume, die man riecht.	

Meine Wörter

Meine Wörter

Meine Wörter